21世纪应用型本科金融系列规划教材

U0816595

国际结算实验教程

徐立平　主编

李　果　何文祥　副主编

东北财经大学出版社
Dongbei University of Finance & Economics Press
大　连

图书在版编目（CIP）数据

国际结算实验教程 / 徐立平主编. —大连：东北财经大学出版社，2021.8

（21世纪应用型本科金融系列规划教材）

ISBN 978-7-5654-4217-9

Ⅰ. 国…　Ⅱ. 徐…　Ⅲ. 国际结算-高等学校-教材　Ⅳ. F830.73

中国版本图书馆CIP数据核字（2021）第107589号

东北财经大学出版社出版

（大连市黑石礁尖山街217号　邮政编码　116025）

网　址：http://www.dufep.cn

读者信箱：dufep@dufe.edu.cn

大连雪莲彩印有限公司印刷　东北财经大学出版社发行

幅面尺寸：170mm×240mm　字数：244千字　印张：12.25

2021年8月第1版　2021年8月第1次印刷

责任编辑：田玉海　责任校对：陈　阳

封面设计：姜　宇　版式设计：原　皓

定价：38.00元

教学支持　售后服务　联系电话：（0411）84710309

如有印装质量问题，请联系营销部：（0411）84710711

前言

“国际结算实验”是国际结算课程的配套课程。国际结算课程是高校的国际金融专业和国际贸易专业的必修课程，是其他经济类专业的选修课，该课程有比较广泛的应用性。由于国际结算课程本身实务性较强，因此仅有理论部分的讲授是不够的，有必要通过实验操作来帮助学生加深理解。

因由于此，本书力图实现这一突破。本书的最大特点就是把理论和实践合二为一，但又不是简单的两者加成，而是打破原有教科书的排列章节和顺序，有选择地选出具有实验意义的七章内容。这样，既解决了实践上的操作指导问题，又解决了只有实践操作而没有基础理论的问题。把国际结算的理论知识和国际结算实验内容两者结合于一体，是本书的特点和创新。

全书共有七章内容，每章分为三个部分：第一部分是国际结算实验基础理论知识，可使读者对国际结算的基础知识有一个基本的认知和梳理；第二部分是国际结算业务实验原理，主要介绍和讲解每个实验的来龙去脉、操作流程和规范；第三部分是国际结算实验业务的具体操作内容、案例和具体操作步骤。三个部分的知识内容和实验内容是相互衔接的，理论知识与实验操作相互对应。

具体七章内容分别是：第一章国际结算中的票据业务实验、第二章汇款结算业务实验、第三章托收结算业务实验、第四章信用证结算业务实验、第五章银行保函和备用信用证业务实验、第六章单证业务实验和第七章国际贸易融资业务实验。本书除了可供高等院校经济学科类本科学生使用外，也可供金融、外贸等系统的实际工作者使用。

本书是浙江财经大学和对口援疆单位新疆理工学院共同合作的结晶，参加本书编写的都是多年从事国际结算课程教学的老师，教学经验丰富，对理论和实践都有很精深的把握。浙江财经大学教授暨新疆理工学院（特聘）教授徐立平负责编写本书的第一、二、三章；新疆理工学院经济与贸易管理学院何文祥副院长负责编写本书的第四、五章；浙江财经大学金融学院李果博士负责编写本书的第六、七章。新疆理工学院经济与贸易管理学院国际贸易专业的杜西西和戴清秀老师也参加了本书的资料搜集和附录的撰写工作，具体分工是：杜西西负责附录1国际结算中英词汇表的整理和撰写；戴清秀负责附录2常用国家和地区货币符号及其代码的整理和撰写。

《国际结算实验教程》的编写，前后历经两年半的时间，所有的编写人员都付出了大量的心血。在这里，要感谢研究生张彬、彭威、陈海斌、张振勇和金嘉瑶等同学，他们负责从每一个数据的核对到每一个案例的查找、从每一个英文字母的校对到每一章节文字内容的检查，事无巨细，脚踏实地，不辞辛劳。

本书是浙江财经大学重点建设教材。在此，我们要特别感谢学校教务处对实验课程的重视，列为校级重点建设课程，并加以扶持。同时，感谢新疆理工学院对本书的协助和支持。

限于时间仓促和作者水平有限，书中难免有错漏之处，敬请光大读者和专家学者予以指正，在此表示感谢。

编　者

2021年夏

目录

第一章
国际结算中的票据业务实验

实验目的

1. 掌握汇票、本票、支票有效性的审核。
2. 能够正确填写汇票、本票、支票。
3. 掌握汇票、本票、支票中各种票据行为的操作和处理。
4. 熟悉汇票、本票、支票的处理流程。

实验要求

1. 写出并检查所给汇票的必要项目。
2. 根据所给条件开立汇票。
3. 根据所给条件在汇票上进行背书。
4. 根据所给条件在汇票上进行承兑和发出承兑通知书。
5. 写出并检查所给本票的必要项目。
6. 根据所给条件开立本票。
7. 写出并检查所给支票的必要项目。
8. 根据所给条件开立支票。
9. 根据所给条件在支票上划线。

第一节 票据基础知识

一、票据概述

票据结算是国际结算的重要内容。当国际结算从现金结算过渡到非现金结算时，用来抵消国际债权债务关系的信用工具就是票据。

（一）票据的概念

票据是指具备一定格式的货币债权凭证，是由出票人签名于上，承诺由本人或指定他人于一定的时间，无条件地向持票人支付规定金额的证券。

票据权利是以出票人的出票行为来设定的。该权利为给付一定金额的货币，而且不以任何事项为其有效的前提条件，只以票据所记载的文义来确定。

票据有广义和狭义之分。广义的票据是指对货币或商品的权利凭证，如发票、汇票、本票、支票等。狭义的票据是指具有一定格式的货币权利凭证，具体来讲，是由出票人签发，承诺由本人或指定人于一定时间，无条件地向持票人支付规定金额的证券。国际结算中的票据一般是指狭义的票据。

（二）票据的性质

票据作为一种特殊的证券，与其他类型的有价证券，如股票、国库券、公司债券等不同，有其特有的性质，表现如下：

（1）票据是设权证券。票据权利因作成证券而创设。

（2）票据是债权证券。票据权利人对票据义务人可行使付款请求权和追索权。

（3）票据是金钱证券。票据以一定的金钱为交付标的。

（4）票据是流通证券。票据通过背书或交付而转让，在市场上自由流通。

（5）票据是无因证券。票据权利的成立，不必以债权人与债务人关系的成立为前提。

（6）票据是文义证券。票据上所创设的权利和义务，均依票据上记载的文字内容来确定。

（7）票据是要式证券。票据必须依法定形式制作才能具有法律效力。

（8）票据是占有证券。任何人欲主张票据权利，都必须实际占有票据。

（9）票据是提示证券。票据权利人请求付款或行使追索权时，必须向义务人提示票据。

（10）票据是返还证券。票据权利人在实现票据权利后，必须将票据返还给义务人。

（三）票据的职能

1.支付职能

票据的支付职能，是票据具有代表定额货币代替现金支付的功能。汇票、本票、支票都具有这一功能，支票是单纯的支付工具。

2.汇兑职能

票据的汇兑职能，是指票据具有异地输送资金的作用。本票、支票都具有这一职能，在我国，票据的汇兑职能主要是通过汇票来实现的。

此外，票据作为支付工具，还在一定程度上可以像现金一样流通，即只要债权人愿意接受，债务人就可以将其所持有的票据转让给债权人以清偿其债务。

（四）票据的法系

当今世界上，主要存在两大票据法系：日内瓦统一票据法系和英美票据法系。

日内瓦统一票据法系，是指由参加日内瓦《汇票本票统一公约》和《支票统一公约》国家的票据立法，以及仿照日内瓦统一票据法律的其他国家票据立法，所组成的票据法派系，主要代表性国家有法国、德国、瑞士及日本等。

英美票据法系，是指根据票据法的历史传统和特色，把英、美两国票据法以及仿照英美票据法律基本特征的其他国家的票据法归为一派系而形成的票据派系。

（五）票据的当事人

票据当事人是指票据法律关系中享有票据权利、承担票据义务的当事人，也称票据法律关系主体。票据当事人可分为基本当事人和非基本当事人。

（六）票据行为

票据行为有广义和狭义两种。广义的票据行为是指以发生、变更或消灭票据的权利义务关系为目的法律行为，包括出票、背书、涂改、禁止背书、付款、保证、承兑、参加承兑、划线、保付等。狭义的票据行为是票据当事人以负担票据债务为目的的法律行为，包括出票、背书、承兑、参加承兑、保证、保付六种。

二、汇票

（一）汇票的定义

《中华人民共和国票据法》（以下简称《票据法》）对汇票的定义是：“汇票是出票人签发的，委托付款人在见票时或者在指定日期无条件支付确定金额给收款人或持票人的票据。”

（二）汇票的必要项目

票据是流通证券，票据当事人的权利和责任都以票据文义为准。因此，票据的文义必须明确，各国票据法对于票据的各个项目应如何记载都有详细规定。汇票要式中所包括的必要项目，即是汇票的形式要项。汇票的成立和有效，是以这些项目的齐全和符合票据法律的规定为前提的。

（三）汇票的分类

1.按出票人划分

（1）银行汇票。出票人为银行，付款人为另一家银行。

（2）商业汇票。出票人是企业或个人，付款人可以是银行、企业或个人。

2.按汇票流通中是否附有货运单据划分

（1）光票。使用中不附带货运单据的汇票和银行汇票均为光票。

（2）跟单汇票。使用中附带有货运单据的汇票均为商业汇票。

（四）汇票的票据行为

汇票的票据行为是指票据流通过程中，确定权利义务或行使权利或履行义务的行为，包括出票、背书、提示、承兑、付款、保证、追索等。其中出票是主票据行为，是其他票据行为得以发生的基础。

（五）汇票贴现

持票人将付款人已承兑但尚未到期的远期汇票背书转让给银行或其他金融机构

（如贴现公司），银行受让汇票时按票面金额扣减贴现利息后，将剩余金额交付持票人，这称为贴现。

三、本票

（一）本票的定义

我国《票据法》对本票的定义是："本票是出票人签发的承诺自己在见票时无条件支付确定的金额给收款人或者持票人的票据。本法所称本票，是指银行本票。"

（二）本票的内容

我国《票据法》规定，本票的必须记载事项为：表明"本票"的字样；无条件支付的承诺；确定的金额；收款人名称；出票日期；出票人签章。相应记载的事项为付款地和出票地。

（三）本票的流通规则

本票的流通与汇票的流通有许多相似之处，故各国票据法均规定本票流通准用汇票的有关规定。但本票的性质不同于汇票，并且我国《票据法》规定的本票又限于见票即付的银行本票，因此，本票的流通也有其特殊之处。

（四）本票的不同形式

1.商业本票

由企业为出票人的本票，我国《票据法》对此没有规定。在国际贸易中，进口企业为延期付款可按合约规定向出口方开出远期本票，但往往需由本国银行在其上提供保证，所以已不是一般意义上的本票。目前，其已为延期付款的银行保证函所取代。

2.银行本票

银行本票是由商业银行开出，见票即付给记名收款人的本票。

（五）本票的用途

本票主要有如下用途：

（1）商品交易中的远期付款，可先由买主签发一张以约定付款日为到期日的本票，交给卖方，卖方可凭本票如期收到货款，如果急需资金，可将本票贴现或转售他人。

（2）用作金钱的借贷凭证，由借款人签发本票交给贷款人收执。

（3）企业从外部筹集资金时，可以发行商业本票，通过金融机构予以保证后，销售于证券市场获取资金，并于本票到期日还本付息。

（4）客户提取存款时，银行本应付给现金，如果现金不够，可发给存款银行开立的即期本票交给客户，以代替支付现金。

四、支票

（一）支票的定义

我国《票据法》对支票的定义是："支票是出票人签发的，委托办理支票存款业务的银行或者其他金融机构在见票时无条件支付确定的金额给收款人或者持票人的票据。”《英国票据法》对支票的定义是：“支票是以银行为付款人的即期汇票。”

（二）支票的必要项目

作为支票，应记载的项目有：

1.表明“支票”的字样

这是为了确定票据的性质，使当事人易于辨认，以确定自己的权利和义务。

2.无条件支付的委托

无条件支付的委托，是指出票人作出的委托银行或者其他金融机构付款，而不附加任何条件的意思表示。一般来讲，无条件支付的委托已事先印在支票上，比如“上列款项请从我账户内支付”。在这种情况下，出票人就无须再书写其他相同意思的文字在支票上。

3.确定的金额

根据《票据法》的规定，支票在记载确定的金额时，应当以中文大写和数码同时记载，并且二者必须一致。如果二者有不一致的地方，或者票据金额有更改的情况，则该票据无效。出票人签发的支票金额，不得超过其付款时在付款人处实有的存款金额，否则即为空头支票，付款人不予付款。

4.付款人名称

付款人名称是指接受委托，在见票时无条件支付确定的金额给收款人或者持票人的银行或者其他金融机构的名称。

5.出票日期

出票日期是指出票人签发支票的日期，支票上必须予以记载。根据《票据法》的规定，出票日期不得更改，更改的票据无效。如果票据载明的出票日期有所更改，付款人或者代理付款人对这种票据付款的，根据《最高人民法院关于审理票据纠纷案件若干问题的规定》，付款人或者代理付款人应当承担责任。

6.出票人签章

根据《票据管理实施办法》及《最高人民法院关于审理票据纠纷案件若干问题的规定》，出票人在支票上的签章，当出票人为单位时，应当是与该单位在银行预留签章一致的财务专用章或者公章，并加盖法定代表人或者其授权的代理人的签名或者盖章。

（三）支票的分类

1.现金支票

现金支票，是转账支票的对称，是指存款人用以向银行提取或支付给收款人现金的一种支票。中国现金管理制度和结算办法规定，在银行开户的各类企业、事业、机关、团体等单位，只能在允许使用现金的范围内使用现金支票，并应写明款项用途。

2.转账支票

转账支票是由单位签发的，通知银行从其账户上支取款项的凭证。转账支票只能用于转账，不能提取现金。它适用于各单位之间的商品交易、劳务供应和其他经济往来的款项结算。

3.划线支票

划线支票是在支票正面划两道平行线的支票，以区别于一般支票。一般支票既可通过银行办理转账收款，也可由持票人自行提取现金，而划线支票只能委托银行转账收款，而不允许提取现款，其目的在于保障出票人和持票人的资金安全。

（四）支票的止付

支票是一种短期票据，是由出票人向收款人担保并向付款人授权（委托）的代替现金的支付工具，若出票人撤销其担保或授权，即为对支票的止付。

（五）支票的有效期

支票的付款有效期为5天（背书转让地区的转账支票有效期为10天），从签发的次日算起，遇节假日顺延。

（六）汇票、本票、支票的异同

汇票、本票和支票的比较见表1-1。

表1-1　汇票、本票和支票的比较

<table>
<tr><th colspan="3">种类
异同</th><th>汇票</th><th>本票</th><th>支票</th></tr>
<tr><td rowspan="2">相同点</td><td colspan="2">性质</td><td colspan="3">属于以支付一定金额为目的的票据，都具备必要的内容，都具有一定的票据行为</td></tr>
<tr><td colspan="2">流通</td><td colspan="3">记名式和指示式票据经过背书可以转让，来人式票据经过交付即可转让，转让后在市场上流通成为流通工具</td></tr>
<tr><td rowspan="9">不同点</td><td colspan="2">用途</td><td>结算工具、信贷工具</td><td>结算工具、信贷工具</td><td>多用于结算工具</td></tr>
<tr><td colspan="2">期限</td><td>即期、远期</td><td>即期、远期</td><td>即期</td></tr>
<tr><td colspan="2">当事人</td><td>出票人、付款人、收款人</td><td>出票人、付款人</td><td>出票人、银行、收款人</td></tr>
<tr><td colspan="2">份数</td><td>多份（正副本）</td><td>一份正本</td><td>一份正本</td></tr>
<tr><td colspan="2">承兑</td><td>远期汇票尤其是见票后若干天后付款汇票必须承兑</td><td>—</td><td>—</td></tr>
<tr><td colspan="2">贴现</td><td>可贴现</td><td>可贴现</td><td>—</td></tr>
<tr><td colspan="2">责任</td><td>汇票在承兑前，出票人是主债务人，承兑后承兑人是主债务人，所有承兑人在承兑后须对汇票共同负责</td><td>出票人始终是主债务人，本票出票人（即付款人）超过一人时，可以对本票共同负责，也可以分别负责</td><td>出票人始终是主债务人</td></tr>
<tr><td rowspan="2">追索权</td><td>在票据有效期内</td><td>1.遇拒付若要保留追索权，应作出拒绝证书；
2.持票人对出票人、背书人、承兑人都有追索权</td><td>1.无须作拒绝证书；
2.只对出票人有追索权</td><td>1.无须作拒绝证书；
2.只对出票人有追索权</td></tr>
<tr><td>票据过期</td><td>过期遭拒付，对票据上一切当事人丧失追索权</td><td>过期拒付，对票据背书人丧失追索权，对出票人仍可行使追索权（在六年以后，出票人丧失追索权</td><td>过期拒付，持票人仍可向出票人追索</td></tr>
</table>

第二节 票据业务实验原理

国际结算是指以银行为中介进行国际资金调拨，结算位于不同国家和地区之间的两个或两个以上当事人间债权债务的一种活动。国际结算业务研究的内容如图1-1所示。

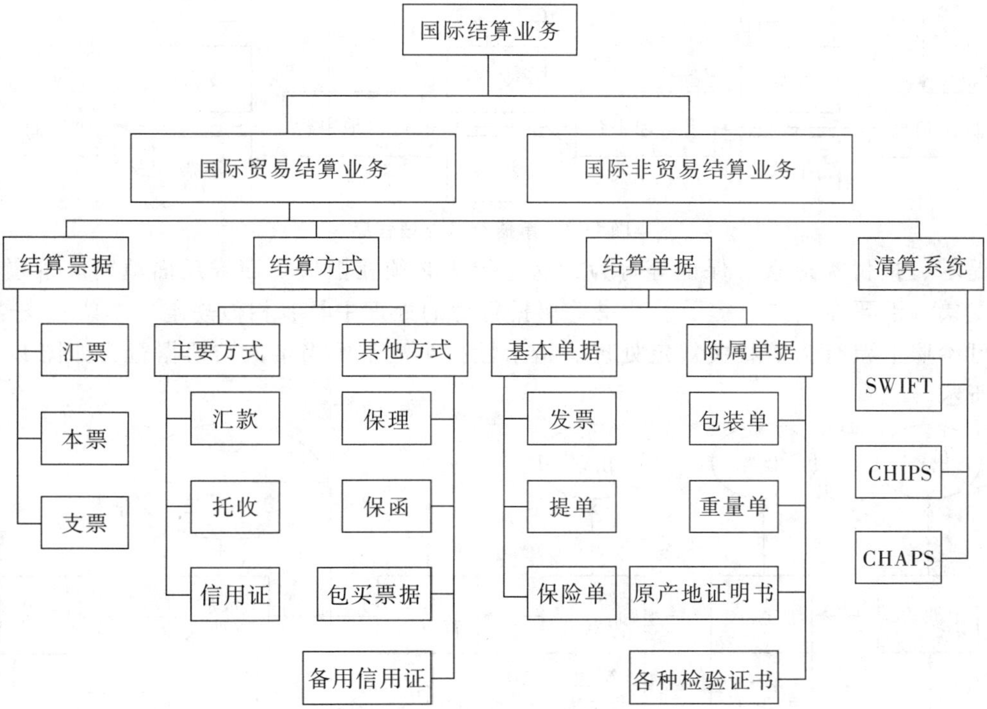

图1-1 国际结算业务研究的内容

如图1-1所示，国际结算业务包括国际贸易结算和国际非贸易结算。国际贸易结算中进口商和出口商以进口地银行和出口地银行为中介，在一定的结算方式下，通过票据和单据的处理，借助银行间结算系统，进行债权、债务的结算。

一、汇票知识点

（一）汇票概况

国际贸易中，出口商开立汇票后可直接委托银行收款，进口商开立本票和支票交付出口商后再由出口商委托银行收款。三种票据的处理程序和风险点不同。国际结算中的票据结算处理程序如图1-2所示。

汇票（Bill of Exchange）是国际贸易结算中最常见的票据，它由出票人向另一人签发，要求即期、定期或在可以确定的将来时间，向某人或其指定人或来人无条件地支付一定金额的书面命令。汇票从开立至最终付款，涉及出票、背书、承兑、

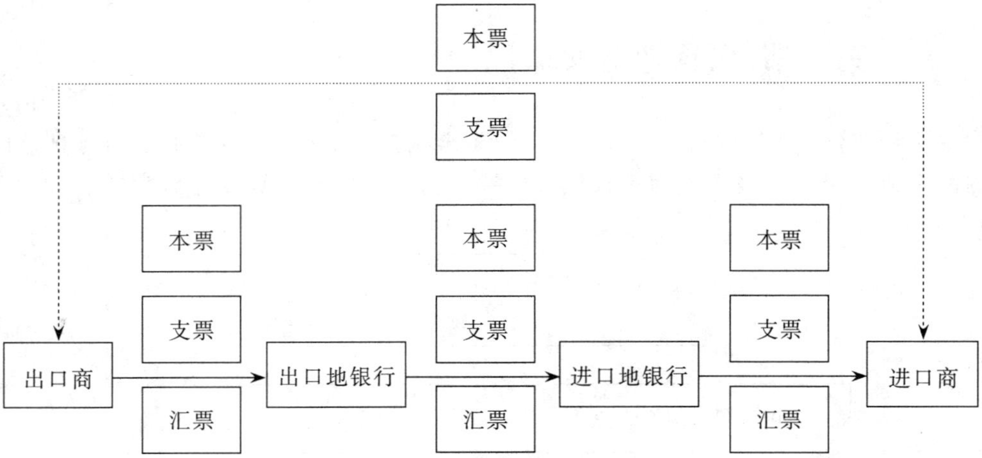

图 1-2　票据结算处理程序

提示、拒付、追索、保证等行为，这些行为必须在汇票正面或反面填列。本票、支票、汇票在出票、提示、背书等票据行为的处理中具有相似规定，本票、支票可参照汇票行为的相关规定处理。指示性抬头汇票的当事人与票据行为如图 1-3 所示。

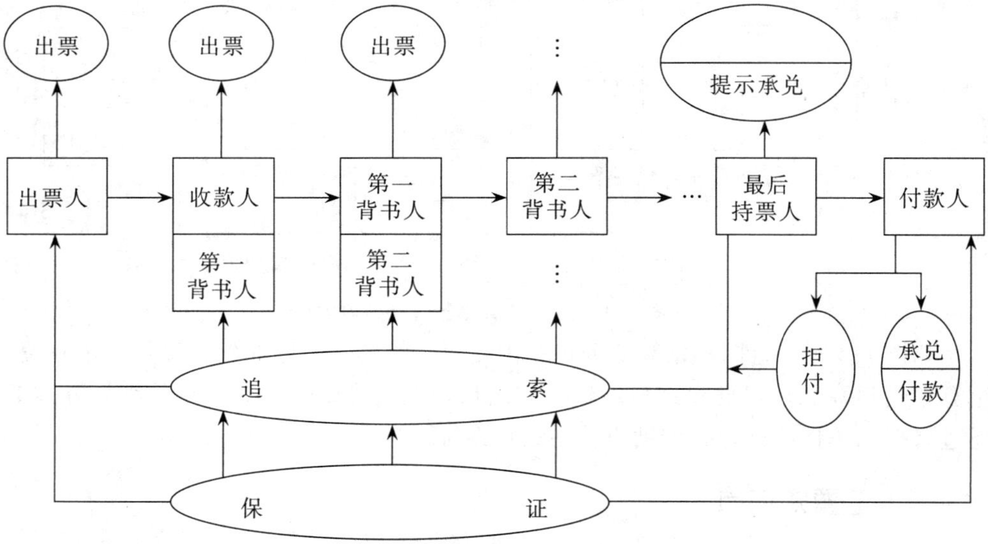

图 1-3　指示性抬头汇票当事人与票据行为

（二）汇票的票据行为

1.出票

出票（Issuance）是指出票人签发汇票并将汇票交给收款人，它包括两个动作：一是制作汇票并在汇票上签字，二是将汇票交给付款人。汇票开立时一般包括八个必要项目。汇票的填写如图 1-4 所示。

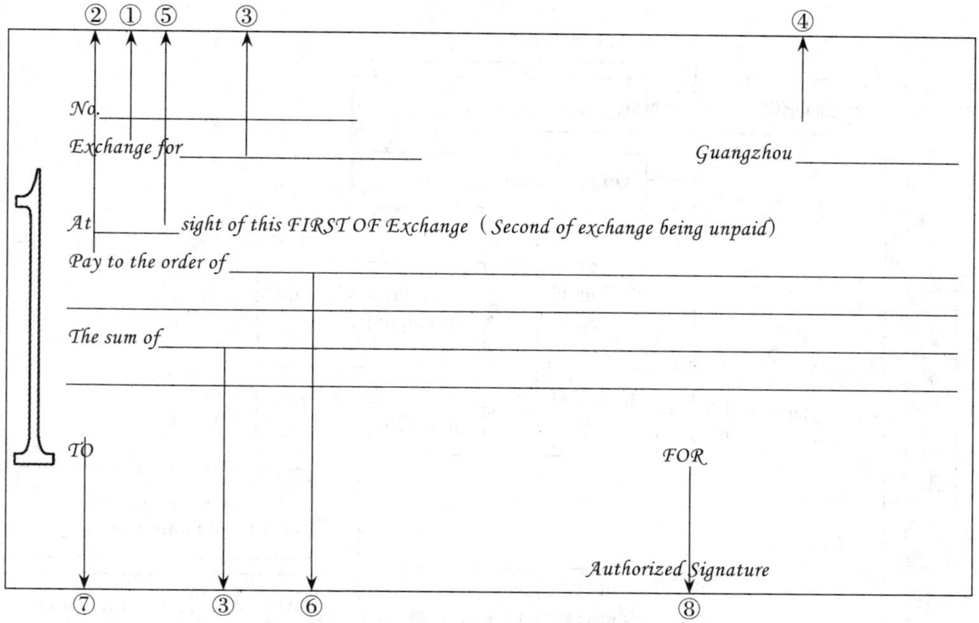

图 1-4　汇票填写式样

如图 1-4 所示，汇票的 8 个必要项目分别是：①“汇票”字样；②无条件支付命令；③一定金额货币；④出票地点和日期；⑤付款期限；⑥收款人；⑦付款人；⑧出票人。

其中，常见无条件支付命令与一定金额货币写法中有效与无效表示见表 1-2，汇票付款期限的分类与写法如图 1-5 所示，汇票付款期限对提示行为的影响见表 1-3。

表 1-2　　**无条件支付命令与一定金额货币写法中的有效与无效表示**

项目	有效表示	无效表示	无效原因
无条件支付命令	①Pay to__; ②Please pay to__; ③D/P (D/A), Drawn against shipment of 20 bales of bombazine from Guangzhou to Hong Kong for collection; ④Drawn under LC No. 123 issued by XX bank, New York, dated 12, November 2020	①I will be very pleased if you pay to__ ②I beg you pay to__	请求
		① Pay to if the goods they supplied are complied with contract No. 123 ② Pay to__ providing the goods arrived at destination before 27, October ③ Pay to__ on condition that goods have been shipped on board before 18, November ④ Pay to__ out of the proceeds in our No. 456 account	有条件
一定金额货币	USD 1 000.00 the sum of One thousand USD	①the sum of about One thousand USD ②the sum of circa One thousand USD ③ the sum of about One thousand USD or two thousand USD	金额无法确定
		④ Pay to the order of the sum of One thousand US dollars plus interest	缺利率和计息时间
		⑤ Pay to the order of the sum of One thousand US dollars by installments	缺付款次数和每次付款金额
		⑥ Pay to the order of the sum of One thousand US dollars converted into sterling equivalent	缺汇率

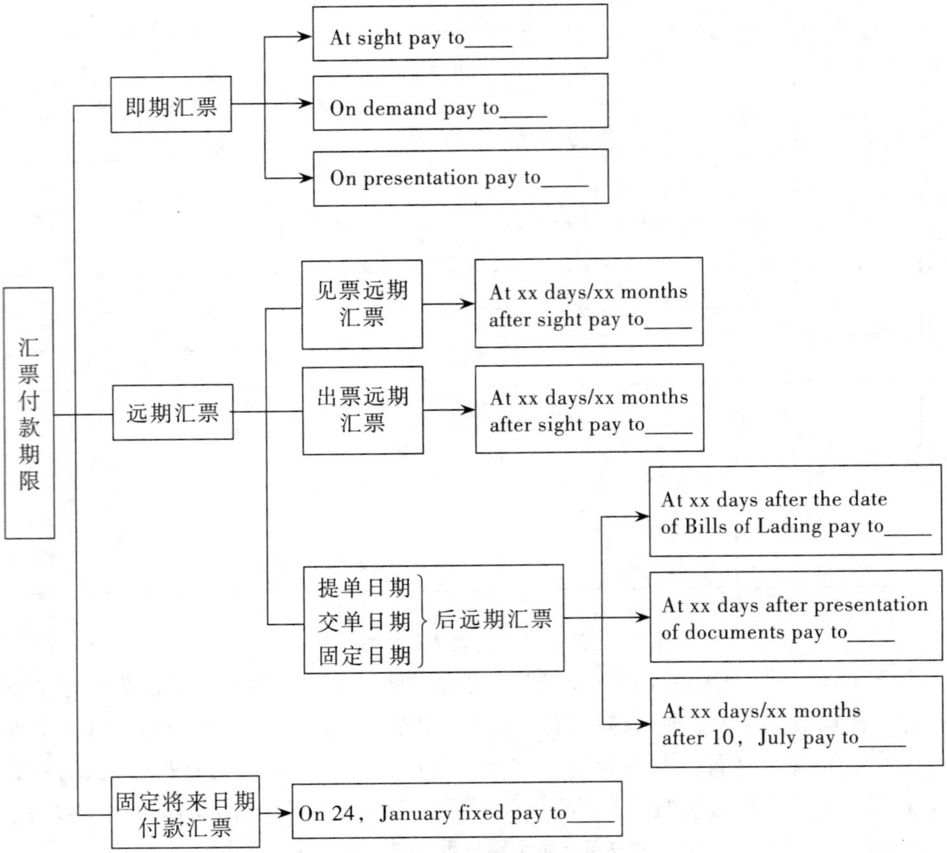

图 1-5　汇票付款期限的分类与写法

表 1-3

汇票付款期限对提示行为的影响

种类	提示次数	提示种类
即期汇票	一次	到期日提示付款 Present for Payment
远期汇票	二次	①到期日前提示承兑 Present for Acceptance
		②到期日提示付款 Present for Payment

即期汇票付款日为到期日，不涉及到期日的计算。远期汇票到期日计算中必须判断起算日并把握不同的计算方法，远期汇票到期日计算方法如图 1-6 所示。

汇票收款人有三种写法，收款人的不同写法对汇票流通性和流通转让方式的影响见表 1-4。

例一：

At 60 days after date，如汇票出票日为7月10日，则：

7月11—31日 …………………………………………… 21天 ⎫ 52天 ⎫
8月1—31日 …………………………………………… 31天 ⎭ ⎬ 60天
9月1—8日 …………………………………………… 8天 ⎭

到期日为9月8日。

例二：

At 90 days after sight，如汇票见票日（承兑日）为4月5日，则：

4月6—30日 …………………………………………… 25天 ⎫ 56天 ⎫
5月1—31日 …………………………………………… 31天 ⎭ ⎬ 60天
6月1—4日 …………………………………………… 4天 ⎭

到期日为6月4日。

例三：

At one month after sight，如汇票见票日（承兑日）为25，February，则：one month

25，February …………………………………………… →25，March

到期日为3月25日。

例四：

At one and half a month after sight，如汇票见票日（承兑日）为25，February，则：one month half a month（15天）

25，February ………………………… →25，March ………………………… 9，April

到期日为4月9日。

根据上述方法计算出汇票到期日后，付款人一般都会在票面注明到期日，便于在到期日按时付款。

图1-6　远期汇票到期日计算方法

表1-4　　**汇票收款人的写法对汇票流通性和流通转让方式的影响**

分类	写法	流通性	流通转让方式
记名抬头	Pay to { the order of A Co. A Co. or order A Co.	有	背书交付转让
限制抬头	Pay to { A Co. only A Co. not transferable A Co. not negotiable	无	—
空白抬头	Pay to bearer	有	交付转让

实务中，常见汇票是由出口商开立的已收汇票，即收款人是出票人（出口商）的指定人，抬头人一栏表示为“Pay to the order of ourselves”。汇票抬头人为出口地银行的汇票也比较常见。

2.背书

背书（Endorsement）是指持票人将汇票权利转让给他人或将一定的汇票权利授予他人行使的行为。背书包括两个动作：一是在汇票背面签名或记载有关事项，二是将汇票交付给被背书人或受让人。汇票背书的不同种类在写法及对汇票流通性的影响上与抬头人具有相似之处。背书的写法和性质见表1-5。

表1-5　**汇票背书的写法及性质**

种类	写法	流通性
特别背书	Pay to the order of B Co. For A Co. London signature	可再背书转让
空白背书	For A Co. London signature	可交付转让；或以其他背书方式转让
限制性背书	Pay to A bank { Only/not negotiable not transferable for account of B Co. } For A Co. London signature	不能转让
附带条件背书	Pay to A Co. on delivery of B/L No.123 For A Co. London signature	可再背书转让
托收背书	Pay to A Bank for collection For A Co. London signature	可再背书转让

持票人应以连续不间断的背书证明其权利正当，因此银行处理汇票时应检查汇票背书是否连续、不间断。汇票背书的连续性判断如图1-7所示。

当事人＼顺序	第一	第二	第三	第四	第五	…
被背书人	Pay to B	Pay to C	Pay to D	Pay to E	Pay to F	最后被背书人是持票人
背书人	For A （payee）	For B	For C	For D	For E	

图1-7　汇票背书的连续性判断

在托收业务中，汇票通过背书，可确保托收行、代收行作为汇票的正当持票人，有权向付款人提示汇票，以获得承兑或付款。信用证业务中汇票经过背书，可使银行控制物权，降低出口押汇和议付中的风险。托收汇票背书的处理如图1-8所示。

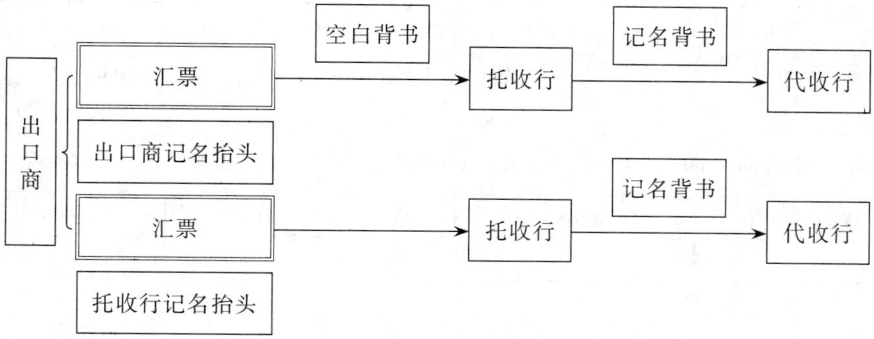

图1-8　托收汇票背书的处理

3.承兑

汇票的承兑（Acceptance）指远期汇票的付款人在汇票正面签名表示同意在汇票到期日支付汇票金额的一项承诺。即期汇票无须承兑，远期汇票则涉及承兑行为。承兑的交付方式有两种：一是实际交付，即将承兑汇票交还持票人；二是推定交付，只要付款人通知持票人已于某日作出承兑就算交付。国际上，对于180天以内（包含180天）的远期汇票，在承兑后，代收行或付款行一般都保留汇票，仅通过邮寄或电讯方式向托收行或出口地银行发出承兑通知书。承兑汇票如图1-9所示，承兑通知书如图1-10所示。

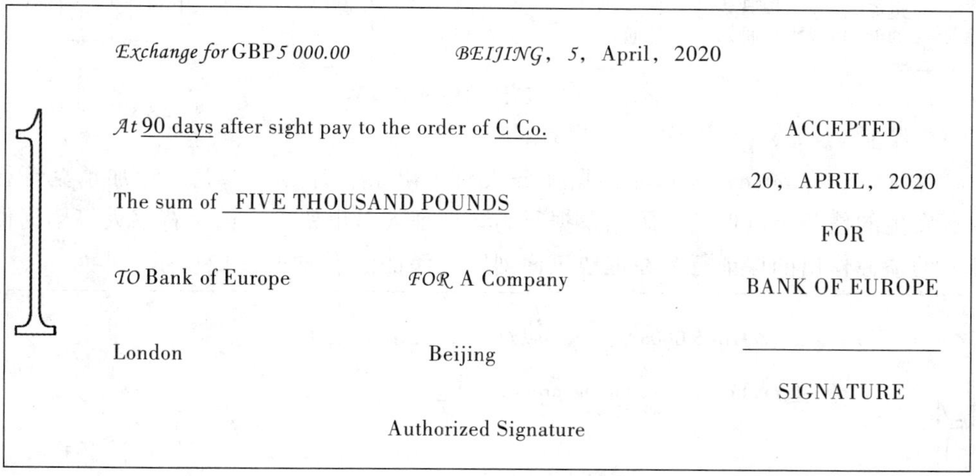
Exchange for GBP *5 000.00*　　*BEIJING*, *5*, April, 2020

At 90 days after sight pay to the order of C Co.

The sum of FIVE THOUSAND POUNDS

TO Bank of Europe　　*FOR* A Company

London　　Beijing

Authorized Signature

ACCEPTED

20, APRIL, 2020

FOR

BANK OF EUROPE

SIGNATURE

图1-9　承兑汇票

4.拒付

拒付（Dishonor）又称退票，是指当汇票的持票人依票据法律的规定向付款人提示要求付款或要求承兑时，遭到拒绝付款（Dishonor for Payment）或拒绝承兑（Dishonor for Acceptance）。汇票提示遭拒付（退票）后，持票人应在退票后一个营业日内将退票事实通知全体前手，或者持票人将退票事实通知前手背书人，前手应于接到通知后一个营业日内再通知他的前手背书人，一直至最终通知到出票人。持票人向出票人和前手背书人进行追索的处理环节如图1-11所示。

MIDLAND BANK LIMITED

ACCEPTANCE NOTICE London. ________

To____________

We give you below details of draft accepted by ourselves

Your Ref No.	Drawer	Amount	Due	Remark

For Midland Bank Ltd

Authorized Signature (s)

图 1-10 承兑通知书

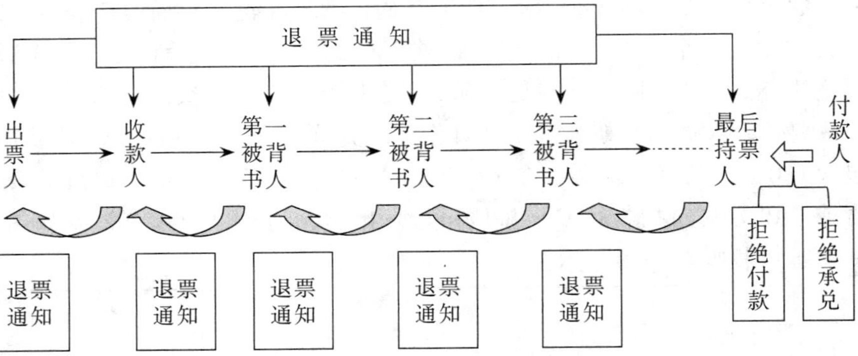

图 1-11 汇票的拒付与追索

5.保证

保证（Guarantee）是指非票据债务人对于出票、背书、承兑、参加承兑等行为所发生的债务予以保证的附属票据行为。保证人对出票人、前手背书人等票据债务人的债务作出的保证行为在汇票正面列明。保证汇票如图 1-12 所示。

1

Exchange for GBP5 000.00 *BEIJING*, 5, April, 2020

At 90 days after sight pay to the order of C Co.

The sum of FIVE THOUSAND POUNDS

Payment Guaranteed

Dated on 10, April, 2020

TO Bank of Europe

London

FOR A Company

Beijing

Authorized Signature

FOR B Co.

Signed

图 1-12 保证汇票

二、汇票的种类

国际结算中的汇票可分为六大类，如图1-13所示。从不同的角度看，一张汇票可归属于不同的种类。例如，一笔信用证业务中可能开立的是跟单、即期、记名抬头、以外币为支付货币的商业汇票。实务中，只有跟单汇票或个人支票可能签发远期，光票类汇票、本票、支票都只有即期没有远期，较大金额的远期光票大都可被怀疑是假票。

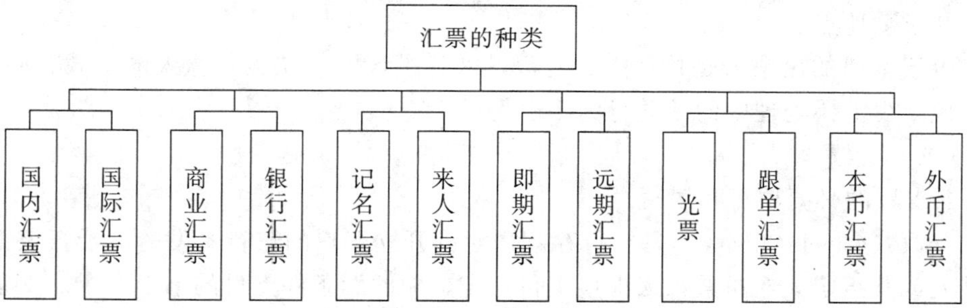

图1-13　汇票的种类

三、本票和支票知识点

（一）本票

本票（Promissory Note）是一人向另一人签发的，保证即期或定期或在可以确定的将来时间，对某人或其指定人或执票人支付一定金额的无条件书面承诺。本票开立包括八个必要项目。本票的填写如图1-14所示。

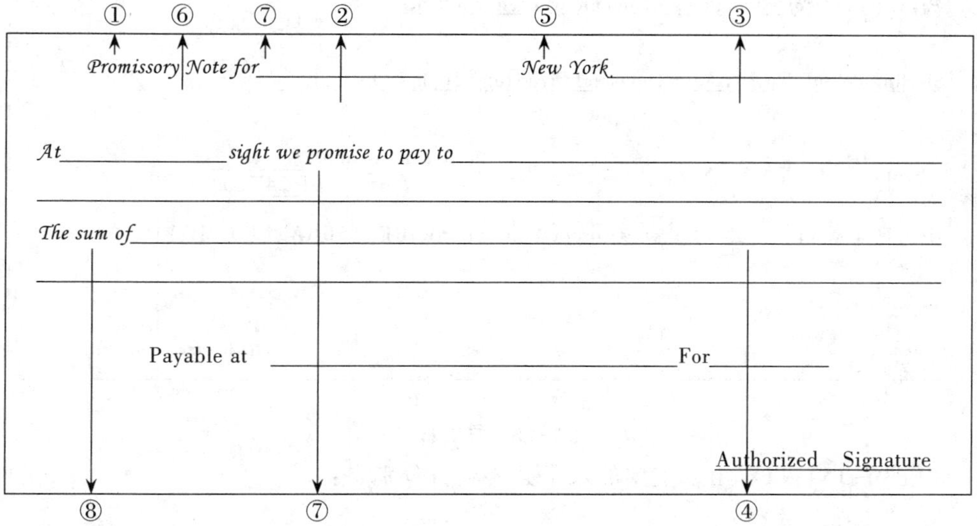

图1-14　本票样示

从图1-14可以看出，本票的八个必要项目分别是：

①“本票”字样；

②无条件支付承诺；

③收款人或其指定人；

④制票人签字；

⑤出票地点和日期；

⑥付款期限；

⑦一定金额货币；

⑧付款地点。

由于本票的出票人是付款人，所以从票样上看，本票无付款人的记载，同时，本票也缺少汇票处理中的承兑行为。

（二）支票

1.支票的必要项目和填写

支票（Check/Cheque）是银行存款户对其开立账户的银行签发的，授权该银行向某人或其指定人或执票来人即期支付一定金额的无条件支付的书面命令。支票开立包括八个必要项目。支票的填写如图1-15所示。

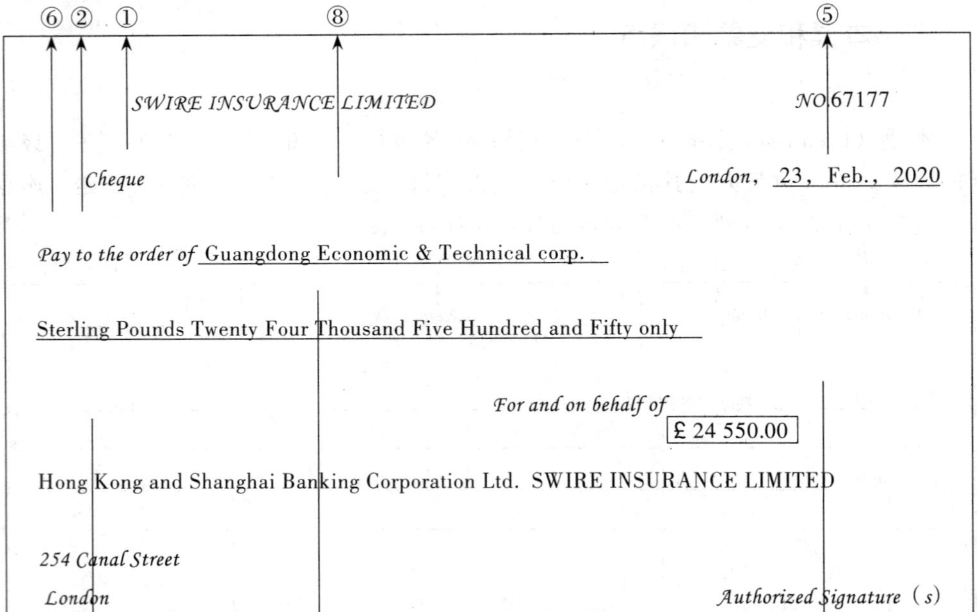

图1-15 支票样示

从图1-15可以看出，支票的八个必要项目分别是：

①“支票”字样；

②无条件支付命令；

③付款银行名称和地点；

④出票人名称和签字；

⑤出票日期和地点；

⑥“即期”字样；

⑦一定金额；

⑧收款人或其指定人。

支票仅为即期付款，无远期票据处理中的承兑行为。

2. 支票的种类

常见支票的种类见表1-6。

表1-6　**常见支票的种类**

种类		写法	特点
记名支票		Pay to {The order of sb. / sb. Or order sb.}	可背书转让
不记名支票		Pay bearer	可交付转让
现金支票		支票上无两条平行线	可收取现金
划线支票	普通划线	支票上两条平行线内未指定收款银行	可由任何一家银行收款入账
	特别划线	支票上两条平行线内专门指定一家收款银行	只能由指定银行收款入账
保付支票		Certified Cheque	有保付行的付款承诺
银行支票		Banker's Cheque	出票人、付款人都是银行

从表1-6可以看出，支票不同的抬头影响支票的流通性和流通转让方式；支票上是否有划线决定支票的收款方式；保付支票和银行支票中有银行付款保证，收款保障性强，更易于接受和转让。

3. 支票的划线

划线支票的划线一般在支票的左上角。划线支票不能直接收取现金，只能委托银行代为收款入账。普通划线支票可由任何银行收款入账，特别划线支票只能由指定银行收款入账。普通划线支票（General Crossing）如图1-16所示，特别划线支票（Special Crossing）如图1-17所示。

SWIRE INSURANCE LIMITED　No.67177

Cheque　London，23，Feb.，2020

Pay to the order of Guangdong Economic & Technical Corp.

Sterling Pounds Twenty Four Thousand Five Hundred and Fifty only

For and on behalf of

Hong Kong and Shanghai Banking Corporation Ltd.　SWIRE INSURANCE LIMITED

254 Canal Street

London　Authorized signature（s）

图1-16　普通划线支票

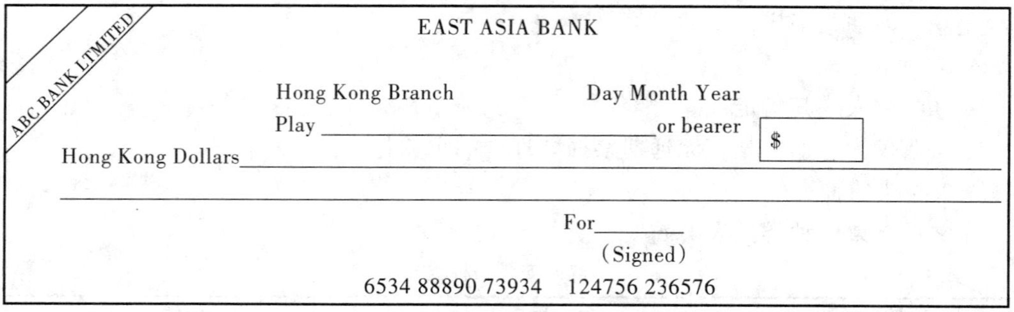

图 1-17　特别划线支票

普通划线支票还有如图 1-18 的表示方法：

	Not Negotiable	Account Payee	Banker	&C0.

图 1-18　普通划线支票（2）

支票特别划线中加注的银行名称只能有一个，除非该银行又委托另一家银行代收票款。这时，一张支票上就可能出现两个特别划线，如图 1-19 所示：

ICBC Bank	A / C payee, A　Bank	ICBC Bank Barclay Bank for collection

图 1-19　特别划线支票（2）

出票人和持票人都可以划线。出票人作成普通划线，持票人可以把它转变成特别划线。出票人作成普通划线或特别划线，持票人可加注“不可流通”字样。被特别划线的银行可以再作特别划线给另一家银行代收票款，代收票款的银行可以作成特别划线给自己。

4. 支票的止付与拒付

在支票实务中，如果支票遗失或毁坏，出于安全考虑，出票人可以止付支票。出票人若认为收款人不愿或无法执行出票人为之签发支票的合同，出票人也可以止付支票。此外，支票上的付款行也会因为支票上存在的各种问题而对持票人提示的支票提出拒付。支票止付的处理如图 1-20 所示，支票常见的拒付理由如图 1-21 所示。

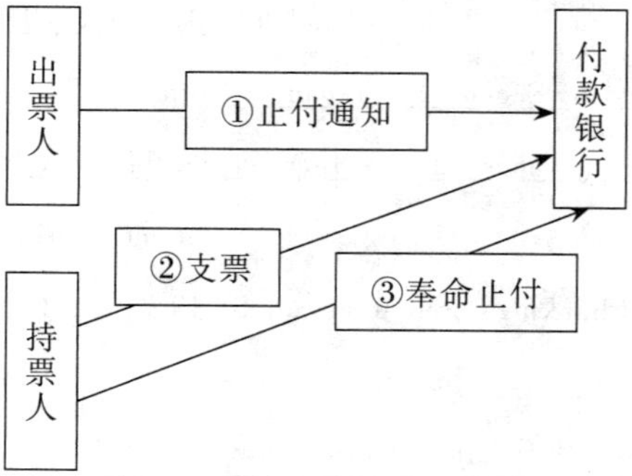

图 1-20　支票止付的处理

支票拒付的理由

- 出票人签名不符（Signature differs）
- 大小写金额不符（Words and figures differs）
- 大写金额需确认（Amount in words requires confirmation）
- 存款不足（Insufficient fund）
- 金额需大写（Amount required in words）
- 奉命止付（Order not to pay）
- 支票开出不符规定（Irregularly drawn）
- 支票未到期（Post dated）
- 支票逾期提示或过期提示（Out of date or state cheque）
- 需收款人背书（Rayee's endorsement required）
- 请与出票人联系（Pefer to drawer）
- 涂改需确认（Material alterations to be confirmed by drawer）

图1-21　支票拒付的理由

第三节　票据业务实验内容与步骤

一、汇票

（一）客户审核汇票

客户向银行提交汇票前，按汇票必要项目和所给问题对其进行审核和处理。

1.托收中的汇票

托收中的汇票如图1-22所示。

2.信用证中的汇票

信用证中的汇票如图1-23所示。

Deliver Documents only upon Acceptance /payment

NO.S20200117/123

New York　　7，MAY，2020

AT ……… SIGHT OF THIS FIRST BILL OF EXCHANGE（SECOND UNPAID）

PAY TO THE ORDER OF Bank of America N.T.& S.A

U.S. DOLLARS TWENTY FIVE HUNDRED THOUSAND ONLY　　USD250 000 | 00

VALUE RECEIVED AND CHANGE TO ACCOUNT OF ____

DRAWN UNDER SALES CONTRACT NO.23478 AGAINST 500 BARRELS OIL

FROM NEW YORK TO GUANGZHOU FOR COLLECTION

TO CHINA GUANGZHOU IMP.CORP　　For and on behalf of

GUANGZHOU　　NOVUS INTERNATIONAL

CHINA　　PTE LTD，NEW YORK

Authorized signature（s）

图 1-22　托收中的汇票

ACCEPTED 14th，April，2020 For Midland Bank Ltd.，London Signed	Due 13th，July，2020 ①　⑤　③ Exchange for GBP56 400.00　Guangzhou，5th，April，2020 ④　②　⑦ At 90 days after sight pay to the order of ourselves The sum of Sterling Pounds Fifty Six Thousand Four Hundred only Drawn under Documentary Credit No. 57982 issued by Midland Bank，March，2020 ⑥　⑧ To Midland Bank Ltd.　For Guangzhou Textiles Holdings ____________ Authorized Signature（s）

图 1-23　信用证中的汇票

托收中的汇票和信用证中的汇票的比较见表 1-7。

（二）银行审核汇票

客户提交汇票委托银行收款后，银行对汇票有效性进行判断，并给予客户建议。汇票的无条件支付命令见表 1-8。

表 1-7　　　　　　　　　　**托收中的汇票和信用证中的汇票比较**

项目、问题 \ 类型	托收中的汇票	信用证中的汇票
(1) 汇票字样		
(2) 无条件支付命令		
(3) 出票地点和日期		
(4) 付款时间		
(5) 付款金额		
(6) 付款人名称和付款地点		
(7) 收款人名称		
(8) 出票人名称和签字		
(9) 提示次数		
(10) ①2020年5月7日有什么作用（托收中的汇票）? ② "Due 13th, July, 2020" 是什么时间?（信用证中的汇票）?		
(11) 汇票在法律上生效，以哪国法律为准?		
(12) 汇票的转让和转让方式		
(13) 若收款人遭到拒付，在追款时应注意哪些事项?		
(14) 汇票出票后，未承兑前，Midland Bank Ltd, London 是否为汇票的债务人（信用证中的汇票）?		
(15) 收款人于汇票承兑后请承兑行 Midland Bank Ltd, London 做贴现，银行按6%计息，计算账息和净款。（信用证中的汇票）		

表 1-8　　　　　　　　　　**汇票的无条件支付命令**

汇票的无条件支付命令	有效/无效	建议
(1) Pay to A Corp. two thousand US dollars providing the goods in compliance with sales contract No.123		
(2) Pay to A Co. the sum of five thousand Sterling Pounds on condition that goods have been shipped on board before 23, December		
(3) At sight pay to the order of A Co. the sum of one hundred thousand Japanese Yen drawn against shipment of 20 bales of cotton from Guangzhou to Tokyo		
(4) At 30 days after sight pay to the order of Bank of China the sum of two hundred thousand US dollars drawn under L/C No. 1234 issued by Bank of New York dated on 20th, August, 2014		
(5) Pay to A Co. one thousand US dollars out of our No. 345 account		
(6) Pay to A Co. three thousand US dollars plus interest at 5% from the date hereof to the date of payment		
(7) Pay to A Co. four thousand US dollars by ten installments		
(8) Pay to A Co. five thousand Sterling Pounds converted into US dollars equivalent		

（三）填写汇票

根据所给条件见表1-9，请填写汇票。

表1-9　　三个汇票的基本条件

汇票项目	汇票一	汇票二	汇票三
(1) Date and Place of issue	10/Jan. /2020, Changsha	17/Nov. /2020, Tokyo	25/Feb./2020, Guangzhou
(2) Tenor	One month after date	At 90 days after sight	On demand
(3) Payee	Agricultural Bank of China, Hunan	CREDIT SUISSE, TOKYO, BRANCH	China National Animal By products imp. & Exp. Corp. Guangzhou
(4) Amount	GBP21 3500	J ￥7 082 000.00	USD34 486.78
(5) Drawee	AAA Group Co. Ltd., London	Bank of China, Guangdong Branch	First National Bank of Chicago
(6) Drawer	The Hunan Arts & Crafts Imp. & Exp. Company	TOYOTA TSUSHO CORPOR-ATION	China National Animal By products Imp. & Exp. Corp. Guangzhou Branch
(7) Drawn Clause	Drawn against 1 000 boxes of glass bricks from Changsha to London	Drawn against L/C No. 235 GD201 issued by Bank of China, Guangdong Branch, dated 20/Oct., 2020	Drawn against L/C No. 2431/221 issued by First National Bank of Chic-ago, dated 20/Dec., 2020

1.汇票一

汇票一如图1-24所示。

Exchange for________________　　　　　　________, __________2020

(Amount in figure)　　　　　　(Place and date of issue)

At ____________sight of this First Bill of Exchange (Second unpaid)

(Tenor)

Pay to ______________________________________ or order

The sum of ______________________________________

(Amount in words) ______________________________________

Drawn under ______________________________________

To_________　　　　　　For__________

____

Authorized Signature (s)

图1-24　汇票一

2.汇票二

汇票二如图 1-25 所示。

Exchange for________________ ________, __________2020

Drawn under____

____

At ____________sight of this First Bill of Exchange （Second unpaid）

Pay to ______________________________________ or order

The sum of ____

____

To_________ For__________

____

Authorized Signature（s）

图 1-25 汇票二

3.汇票三

Exchange for________________ ________, __________2020

At ____________sight of this First Bill of Exchange （Second unpaid）

Pay to ______________________________________ or order

The sum of ____

____

Drawn under ____

____

To_________ For__________

____

Authorized Signature（s）

图 1-26 汇票三

（四）远期汇票到期日的计算

GUANGDONG IMP. & EXP. CORPORATION 提交下列 5 张不同付款期限的已承兑汇票委托银行向承兑人提示付款。审核各张汇票后，在表 1-10 中填写汇票的付款期限并计算汇票的到期日。

1.远期汇票一

远期汇票一如图 1-27 所示。

Exchange for USD60 234.00 Guangzhou, 20th, Mar., 2020

D/A At 30 days after sight of this First bill of exchange (Second unpaid)

Pay to the order of Construction Bank of China

The sum of US DOLLARS SIXTY THOUSAND TWO HUNDRED AND THIRTY FOUR ONLY

Drawn against shipment of 20 cartons of Cashmere Coats from Guangzhou to New York for collection

To ARRON FERER & SONS CO.
909 ABBOTT DRIVE DMAHA
MEBRASKA 68102 USA

For and on behalf of
GUANGDONG IMP. & EXP. CORPORATION

____
Authorized Signature (s)

ACCEPTED
28th, Mar., 2020
Payable at Bank of America
For ARRON FERER & SONS CO.
________Signature

图 1-27 远期汇票一

2.远期汇票二

远期汇票二如图 1-28 所示。

Exchange for USD60 234.00 Guangzhou, 20th, Mar., 2020

D/A At 30 days from sight of this First bill of exchange (Second unpaid)

Pay to the order of Construction Bank of China

The sum of US DOLLARS SIXTY THOUSAND TWO HUNDRED AND THIRTY FOUR ONLY

Drawn against shipment of 20 cartons of Cashmere Coats from Guangzhou to New York for collection

To ARRON FERER & SONS CO.
909 ABBOTT DRIVE DMAHA
MEBRASKA 68102 USA

For and on behalf of
GUANGDONG IMP. & EXP. CORPORATION

____
Authorized Signature (s)

ACCEPTED
28th, Mar., 2020
Payable at Bank of America
For ARRON FERER & SONS CO.
________Signature

图 1-28 远期汇票二

3.远期汇票三

远期汇票三如图 1-29 所示。

Exchange for USD60 234.00 Guangzhou, 20th, Mar., 2020

D/A At 30 days after date of this First bill of exchange (Second unpaid)

Pay to the order of Construction Bank of China

The sum of US DOLLARS SIXTY THOUSAND TWO HUNDRED AND THIRTY FOUR ONLY

Drawn against shipment of 20 cartons of Cashmere Coats from Guangzhou to New York for collection

To ARRON FERER & SONS CO.
909 ABBOTT DRIVE DMAHA
MEBRASKA 68102 USA

For and on behalf of
GUANGDONG IMP. & EXP. CORPORATION

____

Authorized Signature (s)

ACCEPTED

28th, Mar., 2020

Payable at Bank of America

For ARRON FERER & SONS CO.

________Signature

图 1-29 远期汇票三

4.远期汇票四

远期汇票四如图 1-30 所示。

Exchange for USD60 234.00 Guangzhou, 20th, Mar., 2020

D/A At 60 days after date of this First bill of exchange (Second unpaid)

Pay to the order of Construction Bank of China

The sum of US DOLLARS SIXTY THOUSAND TWO HUNDRED AND THIRTY FOUR ONLY

Drawn against shipment of 20 cartons of Cashmere Coats from Guangzhou to New York for collection

To ARRON FERER & SONS CO.
909 ABBOTT DRIVE DMAHA
MEBRASKA 68102 USA

For and on behalf of
GUANGDONG IMP. & EXP. CORPORATION

____

Authorized Signature (s)

ACCEPTED

28th, Mar., 2020

Payable at Bank of America

For ARRON FERER & SONS CO.

________Signature

图 1-30 远期汇票四

5.远期汇票五

远期汇票五如图 1-31 所示。

Exchange for USD60 234.00	Guangzhou, 20th, Mar., 2020
D/A At one and half a month after date of this First bill of exchange (Second unpaid)	
Pay to the order of Construction Bank of China	
The sum of US DOLLARS SIXTY THOUSAND TWO HUNDRED AND THIRTY FOUR ONLY	
Drawn against shipment of 20 cartons of Cashmere Coats from Guangzhou to New York for collection	
To ARRON FERER & SONS CO. 909 ABBOTT DRIVE DMAHA MEBRASKA 68102 USA	For and on behalf of GUANGDONG IMP. & EXP. CORPORATION ____________________ Authorized Signature (s)
ACCEPTED 28th, Mar., 2020 Payable at Bank of America For ARRON FERER & SONS CO. ________Signature	

图 1-31 远期汇票五

请根据以上内容填写表 1-10。

表 1-10 各汇票的付款权限和到期日

	汇票的付款期限	到期日
远期汇票一		
远期汇票二		
远期汇票三		
远期汇票四		
远期汇票五		

（五）汇票的背书

1.判断是否需要背书

根据汇票的收款人写法判断下列汇票转让时是否需要背书。按照所给条件将需要背书汇票的背书写在表 1-11 中。

表 1-11 背书的填写

收款人写法	第一次转让	第二次转让	第三次转让	第四次转让
Pay to the order of A Company				
Pay to bearer				
Pay to A company only				

某收款人将汇票记名背书转让给 D Company，D Company 空白背书转让给 E

Company，E Company交付转让给F Company，F Company限制背书转让给G Company。假设该收款人的有权签字人为李华，D Company有权签字人为John，E Company有权签字人为Mary，F Company有权签字人为Annie。

2.托收业务

一笔托收业务中，出口公司为广州市A公司，有权签字人是张品，托收行是中国工商银行广东省分行，有权签字人是李源，代收行是美国花旗银行，进口公司是美国B公司。

①汇票以出口公司为抬头人，收款公司空白背书给托收行，托收行记名背书给代收行，如图1-32所示。

Exchange for USD60 234.00　　　　Guangzhou，2th，Oct.，2020

At__________sight pay to________________________________or order

the sum of____

To B Company　　　　For A Company，

New York　　　　Guangzhou，China

____

Authorized Signature（s）

汇票正面

汇票背面

图1-32　以出口公司为抬头人的托收汇票

②汇票以托收行为抬头人，托收行记名背书给代收行，如图1-33所示。

（六）汇票的承兑

汇票收款人A company委托银行向汇票付款人B company London提示汇票承兑时，付款人根据所给条件在汇票上进行承兑，银行审核承兑汇票。

1.付款人作出普通承兑

付款人于3月26日在汇票左面作出普通承兑，如图1-34所示。

Exchange for USD49 271.00	Guangzhou, 2th, Oct., 2020
At__________sight pay to________________________________or order	
the sum of____	
To B Company London	For A Company, Guangzhou, China
	__________________ Authorized Signature (s)

汇票正面

汇票背面

图 1-33　以托收行为抬头人的托收汇票

Exchange for USD428 314.00 Shanghai, 16th, Mar., 2020	
At 60 days after sight pay to the order of A Company	
the sum of Four Hundred Twenty Eight Thousand	
Three Hundred and Fourteen US dollars	
To B Company London	For C Company Guangzhou, China
	__________________ Authorized Signature (s)

图 1-34　普通承兑的汇票

2.付款人作出有条件承兑

付款人于3月26日在汇票左面作出有条件承兑，条件为“货物抵达目的地付款”，如图1-35所示。

3.部分承兑

付款人于3月26日在汇票左面作出部分承兑：仅付汇票金额的80%，如图1-

36所示。

Exchange for USD428 314.00 Shanghai，16th，Mar.，2020

At 60 days after sight pay to the order of A Company

the sum of Four Hundred Twenty Eight Thousand

Three Hundred and Fourteen US dollars

To B Company　　　　For C Company

London　　　　Guangzhou，China

Authorized Signature（s）

图1-35　有条件承兑的汇票

Exchange for USD428 314.00 shanghai，16th，Mar.，2020

At 60 days after sight pay to the order of A Company

the sum of Four Hundred Twenty Eight Thousand

Three Hundred and Fourteen US dollars

To B Company　　　　For C Company

London　　　　Guangzhou，China

Authorized Signature（s）

图1-36　部分承兑的汇票

4.付款

付款人于3月26日在汇票左面作出承兑，指定由其账户行Midland Bank付款，如图1-37所示。

Exchange for USD428 314.00 Shanghai，16th，Mar.，2020

At 60 days after sight pay to the order of A Company

the sum of Four Hundred Twenty Eight Thousand

Three Hundred and Fourteen US dollars

To B Company　　　　For C Company

London　　　　Guangzhou，China

Authorized Signature（s）

图1-37　付款指示

5.延迟付款

付款人于3月26日在汇票左面作出承兑，延迟付款时间为“见票后90天付款”，如图1-38所示。

Exchange for USD428 314.00 Shanghai, 16th, Mar., 2020

At 60 days after sight pay to the order of A Company

the sum of Four Hundred Twenty Eight Thousand

Three Hundred and Fourteen US dollars

To B Company　　　　For C Company

London　　　　Guangzhou, China

____

Authorized Signature (s)

图1-38　延迟付款指示

6.发出承兑通知书

Standard Chartered Bank Ltd. Hong Kong于2020年11月26日承兑下面汇票后向Bank of China Guangdong填写并发出承兑通知书，如图1-39所示。

No. 11889/54

Exchange for HKD11 250.00 Guangzhou, 21th, November., 2020

At 30 days after sight pay to the order of Bank China Guangdong

the sum of Eleven Thousand Two Hundred and Fifty HK dollars

Drawn under L/C No. 57833262 issued by Standard Chartered Bank Ltd.

Dated 20th, Oct., 2020

To Standard Chartered Bank Ltd.　　　　For Guangdong Imp. & Exp. Co.

Hong Kong　　　　Guangzhou

____

Authorized Signature (s)

STANDARD CHARTERED BANK LTD.

ACCEPTANCE NOTICE

To ______________　　　　Hong Kong______________

We give you below details of draft accepted by ourselves:

Your Ref. No.	Drawer	Amount	Due	Remark

For Standard Chartered Bank Ltd.

____

Authorized Signature (s)

图1-39　发出承兑通知书

二、本票

（一）审核本票

客户向银行提交本票，银行按本票必要项目和所给问题对其进行审核和处理。

1.银行本票

某银行本票如图1-40所示。

Promissory Note for USD1 000.00 Boston，4th，June，2020

On demand we promise to pay to

the order of bearer

the sum of ONE THOUSAND US DOLLARS

Payable at Boston

For First National Bank of Boston

Authorized Signature（s）

图1-40 银行本票

2.商业本票

某商业本票如图1-41所示。

USD1 000.00

Haverty Furniture Companies

Atlanta 6th，Oct.，2020

At SEVENTY DAYS AFTER DATE WE PROMISE TO PAY TO

THE ORDER OF BEARER

THE SUM OF ONE THOUSAND US DOLLARS

PAYABLE AT FULTON NATIONAL BANK，MAIN OFFICE，ATLANTA，GEORGIA

VALUE RECEIVED

DUE 15，Dec.，2020

For First National Bank of Boston

Authorized Signature（s）

图1-41 商业本票

根据图1-40、图1-41，填写表1-12。

表 1-12　　**银行本票和商业本票的区别**

项目、问题 \ 类型	银行本票	商业本票
（1）本票字样		
（2）无条件支付承诺		
（3）收款人名称		
（4）付款人名称和付款地点		
（5）出票地点和日期		
（6）付款时间		
（7）付款金额		
（8）付款地点		
（9）提示次数		
（10）主债务人		

（二）填写本票

根据表 1-13 所示的条件，填写本票（图 1-42）。

表 1-13　　**某本票的基本条件**

（1）Amount	£ 3 026.00
（2）Date and place of issue	8th/August/2020，Guangzhou，China
（3）Tenor	At 90 days after date
（4）Maker	Guangdong Imp. & Exp.，Guangzhou
（5）Payee	Chemicals Import & Export Company London

Promissory Note for________________

(Amount in figure)

________________，　　　　　________________，2020

(Place and date of issue)　　　　　(Name of month in letter)

On________________________________against this promise note I（we）promise to

Pay to ____or order

the sum of ____

FOR VALUE RECEIVED ____________________________________

Payable at ________________　______________________________

Signature（s）and full address of marker

图 1-42　需填写的本票

三、支票

（一）审核支票

客户向银行提交一张支票，如图1-43所示，银行按支票项目和所给问题对其进行审核和处理，填写表1-14。

Check No. 26-37-846　　　　New York，16th，Dec.，2020

The national Westminster bank Ltd.，London

Pay to the order of Toyota Company the sum of five US dollars　　| USD5 000 | 00 |

To Bank of New York

New York　　　　For and on behalf

____

Authorized Signature（s）

图1-43　待审核和处理的支票

表1-14　支票的审核和处理结果

项目	内容
（1）支票字样	
（2）无条件支付	
（3）支付出票日期及出票地点	
（4）付款金额	
（5）付款期限	
（6）出票人	
（7）收款人	
（8）付款人	
（9）支票号码	
（10）提示次数	
（11）“Bank of New York，New York”与“BBB Corp.，New York”之间有何关系？	

（二）填写支票

根据所给表1-15的条件填写支票（图1-44）。

表 1-15　　**支票的基本条件**

(1) Drawer	Thames Enterprise Ltd., London
(2) Drawee	The National Westminster Bank Ltd., London
(3) Payee	Philips Hong Kong
(4) Date and place of issue	07/Jan./2011, London
(5) Amount	GBP79 014

Check No.57913　　2020

The national Westminster Bank Ltd., London

Pay to

the order of ____________________

the sum of ____________________

GBP

For and on behalf

____

Authorized Signature (s)

图 1-44　需填写的支票

（三）支票划线

根据所给条件在支票（图 1-45）上划线：

Check No .XXX　　New York, 20th, Mar., 2020

AMERICAN EXPRESS BANK LTD.

NEW YORK

Pay to　　USD6 000 | 00

The order of AAA Company, Guangzhou

The sum of Six thousand US Dollars

To American Express Bank Ltd.

New York

For and on behalf

Funda Electricity Supply Co. Ltd.

Authorized Signature (s)

图 1-45　需划线的支票

（1）出票人在支票上划线“Not Negotiable”。

（2）收款人在支票上特别划线，委托 Bank of East Asia, Guangzhou 做光票托收。

（3）Bank of East Asia, Guangzhou 在支票上再特别划线，委托 Bank of East Asia, New York 代收票款。

第二章

汇款结算业务实验

实验目的

1. 掌握汇款结算业务的基本操作。
2. 熟练、准确掌握电汇、信汇、票汇填写业务。
3. 掌握汇款结算方式在国际贸易中的应用。
4. 熟悉掌握顺汇、逆汇、退汇的处理流程。

实验要求

1. 写出顺汇的基本程序和必要项目。
2. 写出逆汇的基本程序和必要项目。
3. 写出国际结算的基本程序和必要项目。
4. 写出汇出汇款业务基本程序。
5. 写出汇出行业务处理环节中的所有项目。
6. 填写境外汇款申请书。
7. 填写汇入行的业务处理环节目。
8. 汇款的退汇处理。
9. 担保书的填写和内容格式的审核。
10. 汇款申请书的填写和审核。

第一节 汇款结算基础知识

一、汇款结算方式概述

（一）汇款的定义

1.汇款的含义

汇款（Remittance），是汇出行（Remitting Bank）应汇款人（Remitter）的要求，以一定的方式，把一定的金额，通过汇入行或付款行（Paying Bank）支付给收款人（Payee）的一种结算方式。

汇款可单独使用，也可与其他结算方式结合使用。它既适用于贸易结算，也适用于非贸易结算，凡属外汇资金的调拨都是采用汇款方式。在汇付的方式下，原始付款人与最后收款人均不是银行，银行只提供资金划拨渠道，把一方资金输送给另一方，银行只提供服务而不提供信用，不用承担任何风险，所以它是基本的结算方式，是银行的主要外汇业务之一。

2.顺汇和逆汇

按照资金的流向和结算工具传送的方向，汇款可以分为顺汇和逆汇两大类。

顺汇（Remittance），又称汇付法，是由债务人或付款人主动将款项交给银行，委托银行采用某种结算工具支付一定金额给债权人或收款人的结算方式。由于在这种结算方式下资金的流动方向与结算工具的传递方向相同，故称顺汇法，如汇款。

逆汇（Reverse Remittance），又称出票法，是由收款人（债权人）出具汇票，委托银行向国外的付款人（债务人）收取一定金额的结算方式。由于在这种结算方式下资金的流动方向与结算工具的传递方向相反，故称逆汇法，如托收与信用证。

3.汇款结算方式的当事人

汇款结算方式一般涉及四个主要当事人：汇款人、收款人、汇出行、付款行。

除上述四个主要当事人外，有时还会涉及转汇行（Intermediary Bank）：即汇出行与解付行之间没有往来账户时，汇出行就要找双方的共同账户行，即“中心账户行”转汇，其称为转汇行。

4.汇款结算方式的业务流程

汇款人申请向国外汇款时，首先，须填写并向汇出行递交“汇款申请书”一式两联（一联为申请书，另一联为汇款回执），汇款申请书上应注明汇款的方式、汇款的日期、收款人的姓名和地址、汇款货币种类和金额、汇款人的姓名和地址、附言、用途等，以及汇款申请人签名盖章。然后，汇出行向汇款人收取汇款金额及手续费、杂费，并按汇款申请书上的委托指示向汇入行发出付款委托书。汇入行接受付款委托书以后，要向收款人发出“汇款通知书”。最后，收款人凭汇款通知书到汇入行收款。

（二）汇款结算方式的种类

根据汇出行通知汇入行付款的方式，国际的汇款业务通常可分为电汇、信汇和票汇三种。我国是外汇管制较严格的国家，无论采取哪种汇款方式，均应符合外汇管理法规或经外汇管理当局批准。

1.电汇

电汇（Telegraphic Transfer，T/T）是付款人将一定款项交存汇款银行，汇款银行通过电报或电话传给目的地的分行或代理行（汇入行），指示汇入行向收款人支付一定金额的一种交款方式。

由于电汇结算方式为一般商业信用，企业在使用这种支付方式时，应选择适当的结算方式，以控制风险。电汇方式按汇款时间分为“前T/ T”方式与“后T/ T”方式两种。在基于商业信用基础上的T/ T方式下，不同的电汇方式下进出口双方需要承担的资金和风险是不平衡的。所以，在进出口贸易中单纯使用“前T/ T”方式或者“后T/ T”方式对于交易双方都是不公平的。但是，如果在买卖合同下的货款，50%采用“前T/ T”方式，50%采用“后T/ T”方式，那么，买卖双方在资金占用上就处于公平的状态。从承担风险的角度分析，由于进口方付款在先，风险略大于出口方。所以，在贸易实践中，进口方通常以降低预付货款的比例来减少风险。

2.信汇

信汇（Mail Transfer，M/T）是指汇出行将信汇委托书以邮寄方式寄给汇入行，授权汇入行向收款人解付一定金额的一种汇兑结算方式。

信汇的特点有：第一，资金转移速度慢。信汇（M/T，Mail Transfer）采用航邮方式传递信息，汇款在途时间较长，收款时间也较长。第二，有一定的风险。由于信汇申请书需要通过航空信函送达，因此途中有信函遗失或延误的可能。第三，银行可短期占用资金。信汇在途时间较长，银行可以占用一个邮程时间的资金。第四，费用较电汇低廉。

3.票汇

（1）票汇的定义。

票汇（Demand Draft，D/D）是汇出行应汇款人的要求，开立一张有指定付款行（一般为联行和账户行）的银行即期汇票给汇款人，由汇款人自己设法交给收款人，凭其领取款项的汇款方式。

（2）票汇方式流转程序。

使用票汇时，汇款人要在汇出汇款申请书上标明“票汇”字样，交款付费给汇出行，汇出行开立银行即期汇票交给汇款人，由汇款人自行邮寄汇票给收款人或自带汇票到收款地，同时汇出行将票根（Advice of Drawing）邮寄给汇入行。汇入行收到票根及收款人持票前来兑现时，应检查以下几点：①票根与汇票上的内容是否相符；②汇票上的签章与汇出行给汇入行的印鉴是否相符；③汇票是否曾涂改或损坏；④汇票未经止付；⑤在合理时间内提示；⑥背书具有连续性，准确性。以上各点无误，即可兑付。

（3）票汇的特点。

票汇的特点是汇入行不需通知收款人前来取款，而由收款人凭票领取汇款，同时收款人在必要时，可按汇票的规定手续进行背书转让，以利于流通转让。

4.票汇、电汇、信汇三种方式的比较

信汇、电汇与票汇三种方式在结算工具、汇款成本、安全性以及汇款速度方面有所不同：

（1）不同的结算工具。

电汇使用电报、电传或SWIFT，用密押证实；信汇使用信汇委托书或支付授权书，用印鉴或签字证实；票汇使用银行汇票，用印鉴或签字证实。

（2）汇款人成本不同。

电汇的成本最高，信汇和票汇成本较低，票汇的成本最低。

二、汇款头寸的偿付与退汇

汇款的整个业务程序分为汇出汇款与汇入汇款，它们在银行中的办理是不同的。与此同时，由于诸多原因，有时汇出去的款项可能需要退回，办理退汇手续在实务中也有一套特定的程序。

（一）汇款头寸的偿付

1.汇出汇款的办理程序

汇出汇款的办理，主要有以下四个环节：

（1）汇款人填写汇款申请书；

（2）汇款人向汇出行交纳所需汇出的外币及汇款所需费用；

（3）汇出行缮制汇款凭证并发出；

（4）汇出行向汇入行拨交头寸。

2.汇入汇款的办理程序

当汇出行接受汇款人的指示将款项转入汇入行的账上时，汇出汇款的办理程序也就完成了；当需要汇交的款项到了汇入行的账上，此时汇入行需要办理一系列步骤以便将款项最终交到收款人的手中。汇入汇款主要有以下三个环节：

（1）审核汇款指令；

（2）索偿头寸；

（3）执行付款。

（二）汇款头寸的退汇

1.退汇的定义

汇款人或收款人一方，在汇款解付前要求撤销该笔汇款的叫退汇。关于退汇的概念，值得一提的是，退汇指的是解付之前的汇款撤销。一旦汇入行已经解付汇款，那么汇入行不能向收款人追索，汇款人也不能要求银行退款，只能由汇款人直接与收款人交涉，要求其退款。

2.退汇的手续

（1）汇出行退汇手续为：

①汇款人提出申请，详细说明退汇的缘由，必要时提供保证；

②汇出行审查；

③向汇入行发出要求退回头寸的通知；

④收到汇入行同意退汇的通知和头寸后，即注销，同时将汇款按汇款折算成本币汇款入账。

（2）汇入行退汇手续为：

①核对退汇通知的印鉴，看汇款是否已付；

②若汇款已付，将收款人签署的汇款收条寄回，表示汇款已经解付；

③若未付，则退回头寸，寄回汇款委托书或汇票。

三、汇款结算方式在国际贸易中的应用

汇款既可用于贸易结算，又可用于非贸易结算。虽然汇款方式具有简便、灵活、快捷的特点，但它是建立在商业信用基础上的，可靠性差。因此，它很少用于贸易结算，大多情况下是用于贸易从属费用结算或非贸易结算。在国际贸易中以汇款方式结算买卖双方债权债务时，根据货款的交付和货物运送时间的关系可分为预付货款和货到付款两种。

（一）预付货款

1.预付货款的含义

预付货款（Payment in Advance）又称先结后出，是指出口商要求进口商将预付的若干或全部货款，通过银行汇交出口商后，才装运货物的一种汇款结算方式。预付货款是从进口方来说的，从出口方来说，就是预收货款，即出口商先收款、后发货的方式。对银行来说，预付货款属汇出汇款业务，预收货款属汇入汇款业务，汇入行在处理汇款时，先结汇给出口商，再由出口商发出货物，所以又称为“先结后出”。

2.预付货款的种类

预付货款一般有以下两种方式：

（1）随订单付现。

随订单付现（Cash with Order）指进口商于发出订单时，或于订立进出口合同后即须将全部货款用汇付方式付给出口商。

（2）支付定金。

支付定金（Down Payment）是指在一般的进出口合同中，预付一部分货款来做保证。在进行生产资料商品的交易时，如大型机械、成套设备、飞机等，按惯

例从生产开始，进口商就要预付部分金额，有时将此作为定金。如果预付金额过大，进口商一般要求出口商提供预付担保，一般由银行担保以保证预付金额的安全。

3.预付货款的特点

这种方式对进口商不利，因为预付货款要占用进口商的资金，而且进口商还要负担出口商不按合同规定装运货物的风险。为保障权益，进口商有时规定解付条件或要求提供银行保证书，以保证收款人如期履行交货、交单义务，否则退还已收货款，并加付利息。

4.预付货款的风险防范

预付货款的结算方式有利于出口商，对进口商不利。进口商为保障自身利益，降低风险，一般要通过银行与出口商达成解付款项的条件协议，这称为“解付条件”。

（二）货到付款

货到付款（Payment after Arrival of Goods）又称先出后结，是指出口商先发货，而后进口商付款的一种汇款结算方式。其实质是一种赊账交易，它具有延期付款（Deferred Payment）的性质。货到付款其实是一种赊账交易（Sold on Credit），有时还可称为记账赊销（Open Account，O/A）。

（三）汇款支付方式的特点

1.汇款结算方式的特点

（1）风险大。

预付货款或货到付款依据的都是商业信用。对于预付货款的买方及货到付款的卖方来说，一旦付了款或发了货就失去了制约对方的手段，他们能否收货或收款，完全依赖对方的信用，如果对方信用不好，很可能钱货两空。因而汇款只在国际贸易结算的一些特殊场合和情况下使用。

（2）资金负担不平衡。

对于预付货款的买方及货到付款的卖方来说，资金负担较重，整个交易过程中需要的资金，几乎全部由他们来提供。对于出口商来说，货到付款弄不好还会出现钱货两空的情况。

（3）手续简便，费用少。

汇款支付方式的手续是最简单的，就像一笔没有相对给付的非贸易业务，银行的手续费也最少，只有一笔数额很少的汇款手续费。因此在交易双方相互信任的情况下，或者在跨国公司的不同子公司之间，用汇款支付方式是最理想的。因此，汇款方式尽管有不足之处，但在国际贸易结算中还时有运用。

2.汇款结算方式的风险防范

汇付方式应用的增加有其特殊的原因。因为其他结算方式如信用证结算方式等是以社会经济结构稳定、经济秩序良好、银行体系完善、企业经营正常为前提的。

在缺乏上述前提时，即缺乏银行信用时，只能使用商业信用。这一现象在20世纪90年代中俄贸易中比较突出。自从1991年苏联解体以后，俄罗斯处于经济转轨时期，市场经济还不成熟、不完善，银行信用体系存在缺陷，特别是1998年8月金融危机爆发后，俄罗斯最大的几家商业银行突然破产，致使银行信用更加下降，以银行信用为基础的信用证业务难以开展起来。而同中国往来的大部分是中小企业，其资力有限，难以开出信用证，所以更多地使用汇付结算方式。

3.交单付现

汇付方式下，汇入行是受汇出行之托向收款人解付汇款，一般情况下是不附加条件的，即只要收款人证明了自己的合法身份，汇入行就要无条件付款。所以，采用常见的预付款方式时，进口商要承担很大的风险。为了减少其风险，国际贸易中出现了一种凭单付汇的做法。

第二节 汇款结算业务实验原理

一、国际结算基本程序

如前所述，根据资金流向和结算工具流向是否相同，国际结算方式可划分为顺汇和逆汇。具体来说，顺汇基本程序如图2-1所示，逆汇基本程序如图2-2所示。

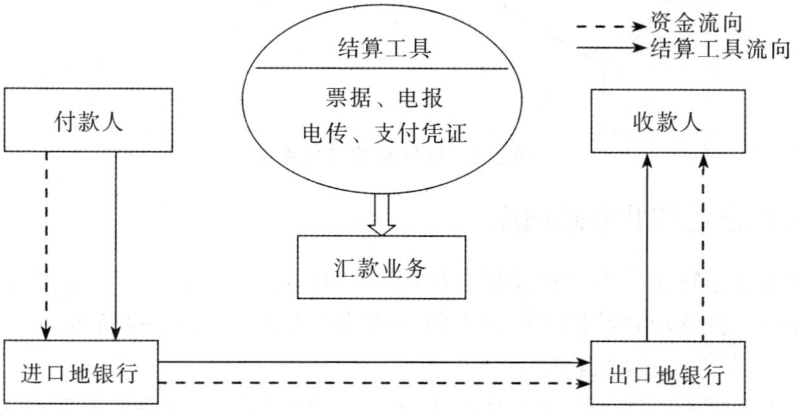

图2-1 顺汇基本程序

如图2-1和图2-2所示，顺汇可理解为付款人主动委托银行付款，包括汇款业务，逆汇可理解为收款人主动委托银行收款，包括托收业务和信用证业务。

在我国目前的外汇管理体制下，国际结算业务中涉及的外汇收付，必须按照外汇管理规定做好进口付汇核销和出口收汇核销。国际结算基本程序如图2-3所示。

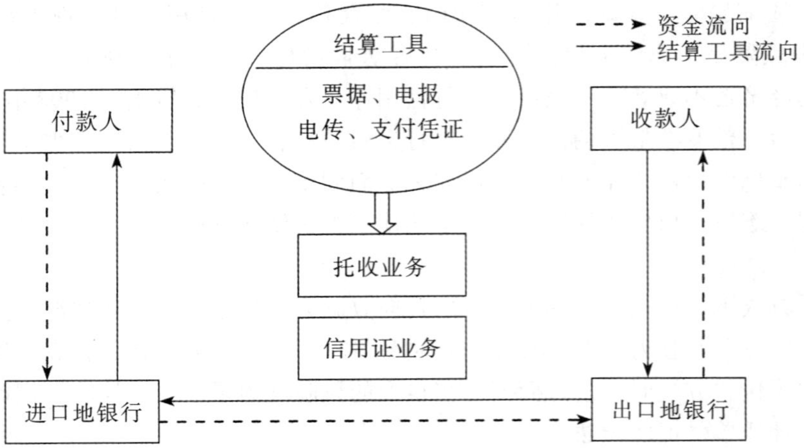

图 2-2　逆汇基本程序

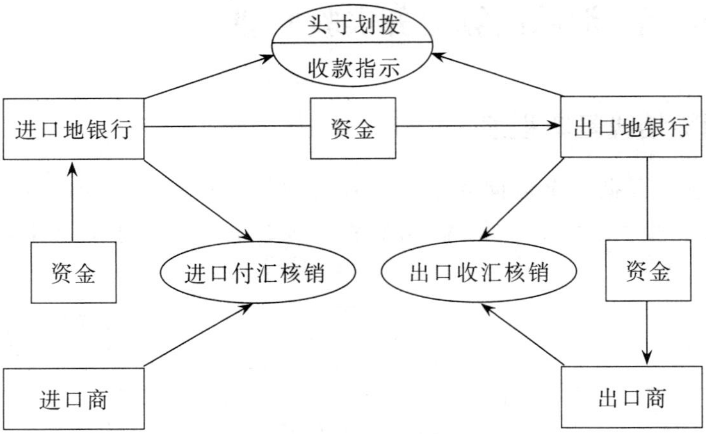

图 2-3　国际结算基本程序

二、汇出汇款业务知识点

汇款是指银行接受客户的委托，使用一定的结算工具，通过其在海外的分支机构或代理行，把款项付给国外收款人的一种结算方式，如图 2-4 所示。

（一）汇款业务中的当事人

如图 2-5 所示，汇出行必须依据汇款人提交的汇款申请书处理汇出汇款业务，汇入行必须依据汇出行提交的汇款申请书，由银行的业务员负责核对和办理，确认收款的数目是否正确。

（二）汇出行业务处理环节和要求

汇款业务中，汇出行应按照汇款申请书的指示处理业务，在对汇款申请书填写正确性审核的基础上，向汇入行发送汇款指示，汇入行应按照汇款指示所示内容进行处理。汇出行业务处理环节和要求如图 2-6 所示。

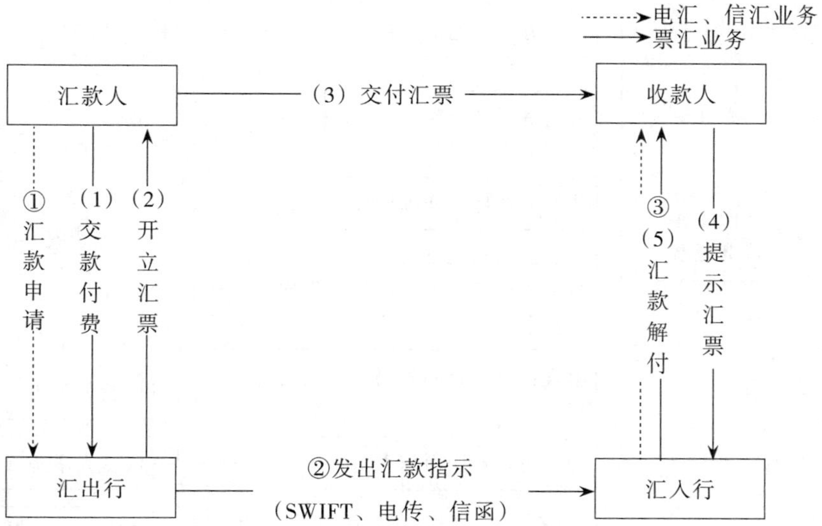

图2-4　汇出汇款业务基本程序

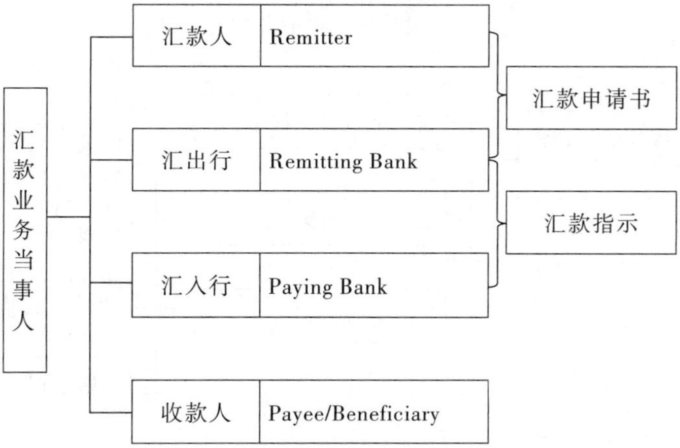

图2-5　汇款业务中的当事人

（三）汇款申请书

中国国家外汇管理局对国际收支申报系统已进行了升级，统一了各行的境外汇款申请书格式。境外汇款申请书（图2-7）一式三联，分别为银行业务部门、汇款人和外汇局留存联。银行也可以根据实际需要，增加相应联数，如会计凭证联。

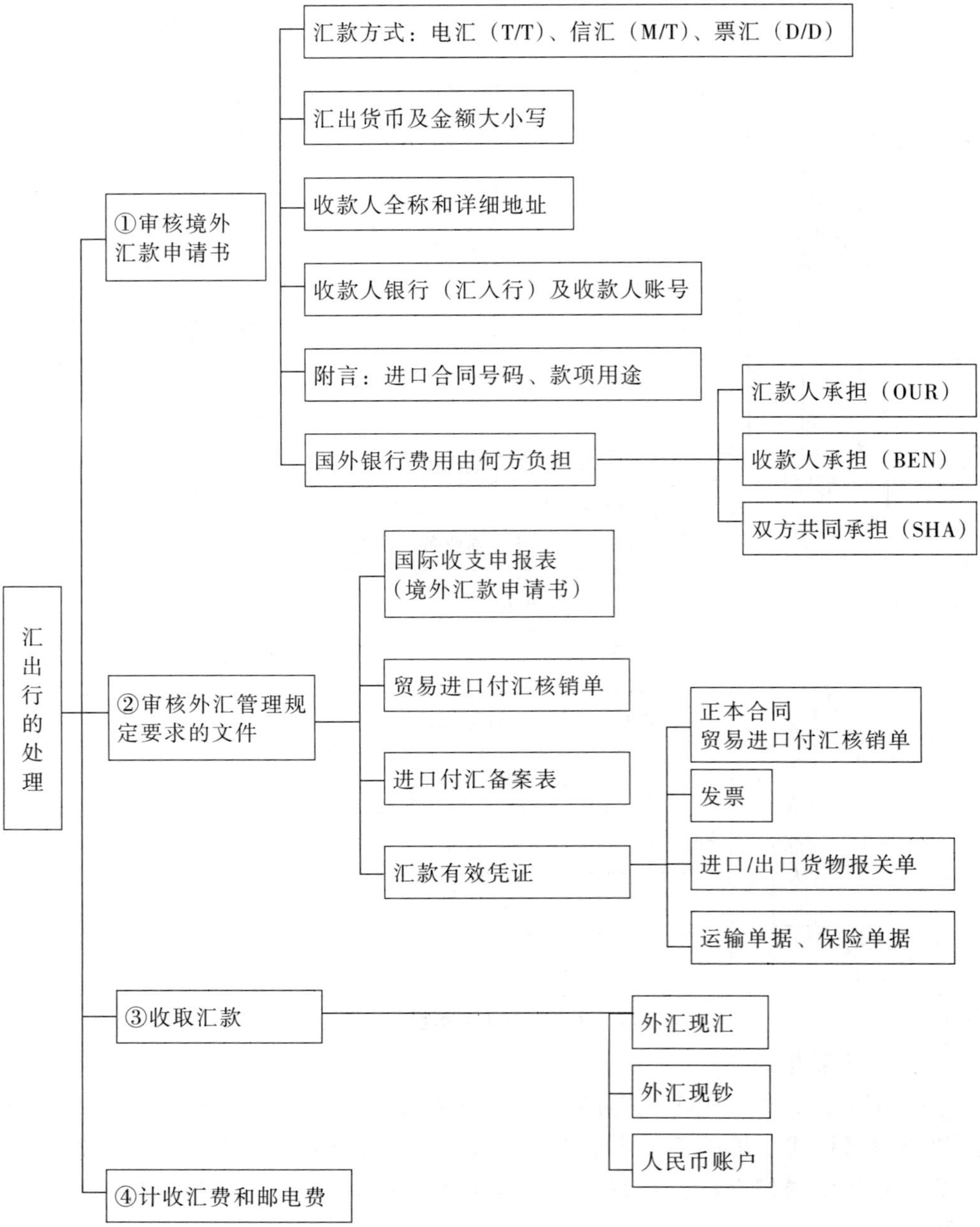

图2-6　汇出行业务处理环节

致：Bank of China

To: APPLICATION FOR FUNDS TRANSFERS（OVERSEAS）

日期

Date

<table>
<tr><td colspan="2"></td><td colspan="2">□电汇 T/T □票汇 D/D □信汇 M/T</td><td colspan="2">发电等级 □普通 Normal □加急 Urgent Priority</td></tr>
<tr><td colspan="2">申报号码 BOP Reporting No.</td><td colspan="4">□□□□□□ □□□□ □□ □□□□□□ □□□□</td></tr>
<tr><td>20</td><td>银行业务编号 Bank Transac. Ref No.</td><td></td><td colspan="2">收款行/付款行 Receiver/Drawn on</td><td></td></tr>
<tr><td>32A</td><td>汇款币种及金额 Currency & inter-bank Settlement Amount</td><td></td><td colspan="2">金额大写
Amount in Words</td><td></td></tr>
<tr><td rowspan="3">其中</td><td>现汇金额 Amount in FX</td><td></td><td colspan="2">账号 Amount No./Credit Card No.</td><td></td></tr>
<tr><td>购汇金额 Amount of Purchase</td><td></td><td colspan="2">账号 Amount No./Credit Card No.</td><td></td></tr>
<tr><td>其他金额 Amount of Others</td><td></td><td colspan="2">账号 Amount No./Credit Card No.</td><td></td></tr>
<tr><td rowspan="2">50a</td><td rowspan="2">汇款人名称及地址
Remitter's Name & Address</td><td colspan="4"></td></tr>
<tr><td></td><td rowspan="2">□对私</td><td colspan="2">个人身份证号码 individual ID No.</td></tr>
<tr><td colspan="3">□对公 组织机构代码 Unit Code □□□□□□□□-□</td><td colspan="2">□中国居民个人 Resident individual
□中国非居民个人 Non-Resident individual</td></tr>
<tr><td>54/56a</td><td>收款银行之代理行名称及地址
Correspondent of Beneficiary's Bank Name & Address</td><td colspan="4"></td></tr>
<tr><td>57a</td><td>收款银行之代理行名称及地址
Beneficiary's Bank Name & Address</td><td colspan="4">收款人开户银行在其代理行账号 Bene's Bank A/C No.</td></tr>
<tr><td>59a</td><td>收款人名称及地址
Beneficiary's Name & Address</td><td colspan="4">收款人账号 Bene's A/C No.</td></tr>
<tr><td>70</td><td>汇款人附言
Remittance Information</td><td colspan="2">只限 140 个字位 Not Exceeding 140 Characters</td><td>71A</td><td>国内外费用承担
All Bank's Charges if Any Are To Be Borne By
□汇款人 OUR
□收款人 BEN
□共同 SHA</td></tr>
<tr><td colspan="6">收款人常驻国家（地区）名称及代码 Resident Country /Region Name & Code □□□</td></tr>
</table>

<table>
<tr><td colspan="5">请选择：□预付货款 Advance Payment □货到付款 Payment Against Delivery □退款 Refund □其他 Others</td><td>最迟装货期</td><td></td></tr>
<tr><td rowspan="2">交易编码
BOP Transac. Code</td><td>□□□□□□</td><td rowspan="2">相应币种及金额
Currency & Amount</td><td colspan="2"></td><td rowspan="2">交易附言
Transac. Remark</td><td></td></tr>
<tr><td>□□□□□□</td><td colspan="2"></td><td></td></tr>
<tr><td colspan="2">是否为进口核销项下付款</td><td>□是 □否</td><td>合同号</td><td></td><td>发票号</td><td></td></tr>
<tr><td colspan="2">外汇局批件/备案表号</td><td colspan="2"></td><td>报关单经营单位代码</td><td colspan="2">□□□□□□□□□□□□□</td></tr>
<tr><td>报关单号</td><td></td><td>报关单币种及总金额</td><td colspan="2"></td><td>本次核注金额</td><td></td></tr>
<tr><td colspan="2">银行专用栏 For Bank Use Only</td><td colspan="3">申请人签章 Applicant's Signature</td><td colspan="2">银行签章 Bank's Signature</td></tr>
<tr><td>购汇汇率
Rate</td><td></td><td colspan="3" rowspan="6">请按照贵行背页所列条款代办以上汇款并进行申报
Please Effect The Upwards Remittance. Subject to The Condition Overleaf
申请人姓名
Name of Applicant
电话
Phone No.</td><td colspan="2" rowspan="6">核准人签字
Authorized Person
日期
Date</td></tr>
<tr><td>等值人民币
RMB Equivalent</td><td></td></tr>
<tr><td>手续费
Commission</td><td></td></tr>
<tr><td>电报费
Cable Charges</td><td></td></tr>
<tr><td>合计
Total Charges</td><td></td></tr>
<tr><td>支付费用方式
In Payment of the Remittance</td><td>□现金 by Cash
□支票 by Check
□账户 from Account</td></tr>
<tr><td>核印 Sig. Ver</td><td></td><td>经办 Maker</td><td colspan="2"></td><td>复核 Checker</td><td></td></tr>
</table>

填写前请仔细阅读各联背面条款及填报说明

Please read the conditions and instructions overleaf before filling in this application

汇款申请书（背面条款）

Application for Funds Transfer

条件和条款 Terms and Conditions

图 2-7　境外汇款申请书

（四）汇款种类和汇款指示

汇款的种类如图2-8所示。

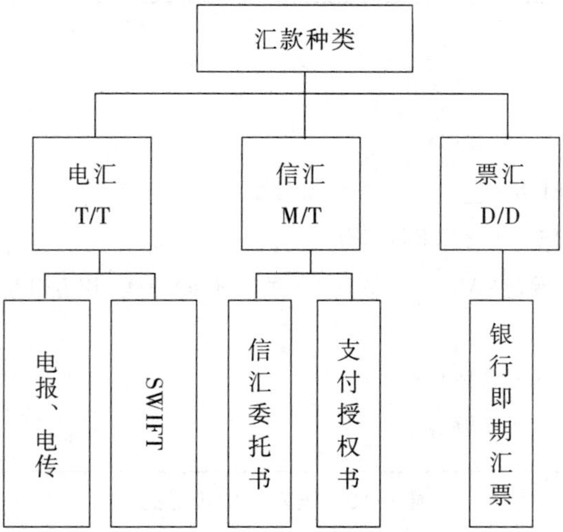

图2-8　汇款的种类

如图2-8所示，汇款业务包括电汇（T／T）、信汇（M／T）、票汇（D／D）。电汇、信汇业务处理程序比较相似，票汇业务中因采用银行即期汇票作为结算工具，增加了汇票处理中的提示操作过程。

1.电汇

①电汇业务基本程序。电汇业务基本程序如图2-9所示。

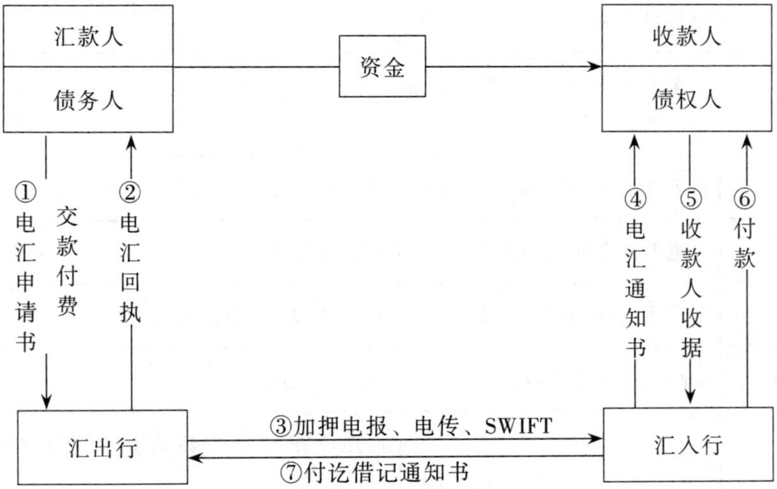

图2-9　电汇业务基本程序

②采用电报或电传的汇款格式。

汇款指示中，电报或电传格式如图2-10所示。

FM：（汇出行名称）

TO：（汇入行名称）

DATE：（发电日期）

TEST（密押）　OUR REF NO.________（汇款编号）

NO ANY CHARGES FOR US（我行不负担费用）

PAY（AMT）（付款金额）VALUE（DATE）（起息时间）TO（BENEFICIARY）（收款人）

MESSAGE________（附言）

ORDER__________（汇款人名称）

COVER__________（头寸划拨指示）

图2-10　电报或电传形式

③采用SWIFT的汇款。适用于汇款的SWIFT格式、名称及用途见表2-1。

表2-1　**适用于汇款的SWIFT格式**

报文格式	MT格式名称	名称描述
MT103	客户汇款	请求调拨资金
MT200	单笔金融机构头寸调拨至发报行自己账户	请求将发报行的头寸调拨至其他金融机构的该行账户上
MT201	多笔金融机构头寸调拨到它自己的账户上	多笔MT200
MT202	单笔普通金融机构头寸调拨	请求在金融机构之间的头寸调拨
MT203	多笔普通金融机构头寸调拨	多笔MT202
MT204	金融市场直接借记电文	用于向SWIFT会员银行索款
MT205	金融机构头寸调拨执行	国内转汇请求
MT210	收款通知	通知收报行，它将收到头寸记在发报行账户上

其中，MT103客户汇款的基本格式见表2-2。

表 2-2 MT103客户汇款格式

Status	Tag	Field Name
M	20	Sender's reference
O	13C	Time Indication
M	23B	Bank Operation Code
O	23E	Instruction Code
O	26T	Trandaction Type Code
M	32A	Value date/Currency code/Interbank Settled amount
O	33B	Currency / Instructed / Amount
O	36	Exchange Rate
M	50a/k	Ordering Customer
O	51A	Sender's Correspondent
O	52a/d	Ordering Institution
O	53a/b/d	Sender's Correspondent
O	54a/b/d	Receiver's Correspondent
O	55a/b/d	Third Reimbursement Institution
O	56a/b/d	Intermediary Institution
O	57a/b/d	Account with Institution
M	59	Beneficiary Customer
O	70	Remittance Information
M	71A	Details of Charges
O	71F	Sender's Charges
O	71G	Receiver's Charges
O	72	Sender to Receiver Information
O	77B	Regulatory Reporting
O	77T	Envelope Contents

2.信汇

①信汇业务基本程序。

信汇业务基本程序如图2-11所示。

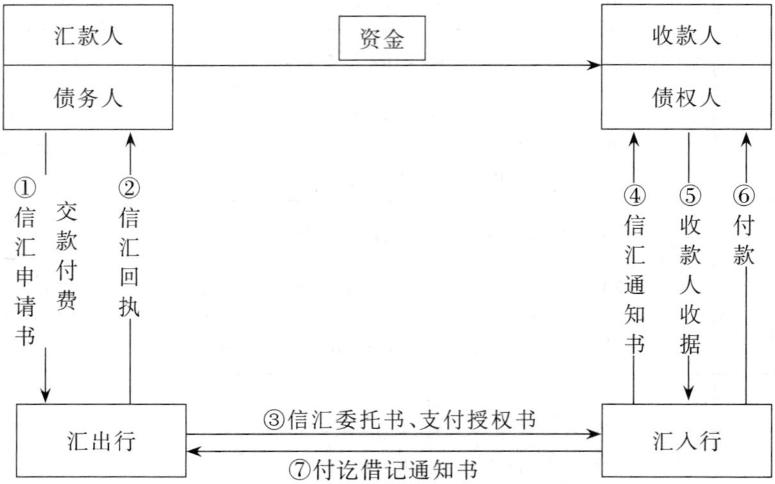

图2-11　信汇业务基本程序

②委托书。

信汇业务涉及信汇委托书（Mail Transfer Advice）与支付委托书（Payment Order），信汇委托书如图2-12所示，支付委托书如图2-13所示。

中国银行广州分行
BANK OF CHINA，GUANGZHOU BRANCH
Mail Transfer Advice

下列汇款，请即解付，如有费用请内扣。我已贷记你行账户

日期Date：____，____，____
Guangzhou

Please advise and effect the following payment less your Charges if any. In cover, we have CREDITED your A/C with

此致
TO

信汇号码 No. of Mail transfer	收款人 To be paid to	金额 Amount

大写金额
Amount in Words：________　附言________
Message

汇款人
By order of ________

中国银行广州分行
BANK OF CHINA，GUANGZHOU BRANCH

图2-12　信汇委托书

中国银行支付委托书

BANK OF CHINA

PAYMENT ORDER

Guangzhou Date: ____, ____,

此致
TO

信汇号码 No. of Mail transfer	收款人 To be paid to	金额 Amount

大写金额

Amount in Words: ______________________________

汇款人 附言

By order of______________________________Message

☐You are authorized to debit our account with you

☐We have credited your A/C with us.

中国银行广州分行

BANK OF CHINA, GUANGZHOU BRANCH

图 2-13 支付委托书

3.票汇

①票汇业务基本程序。

票汇业务基本程序如图 2-14 所示。

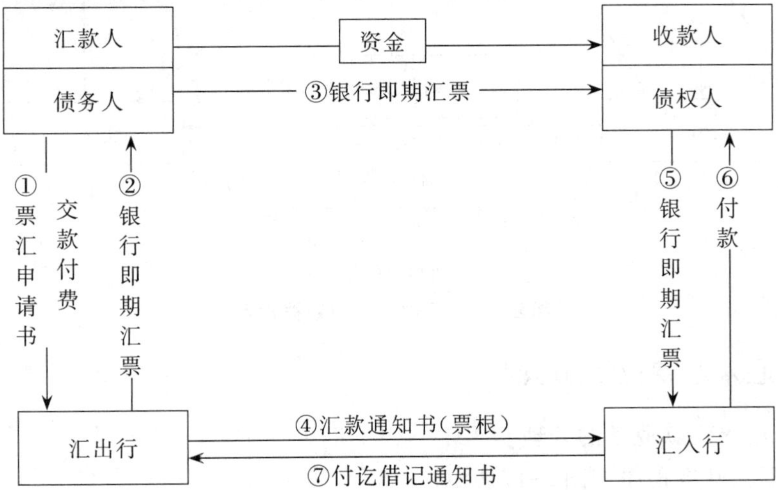

图 2-14 票汇业务基本程序

②银行即期汇票如图 2-15 所示。

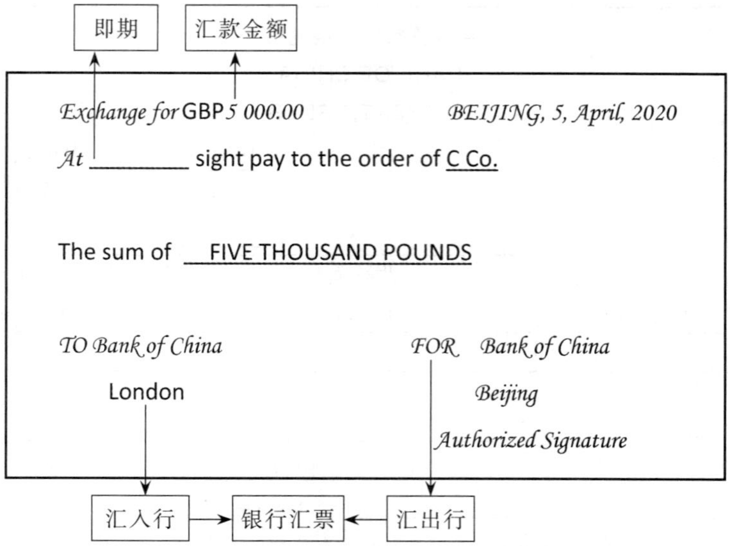

图 2-15 银行即期汇票

汇款头寸的划拨指示如图 2-16 所示。

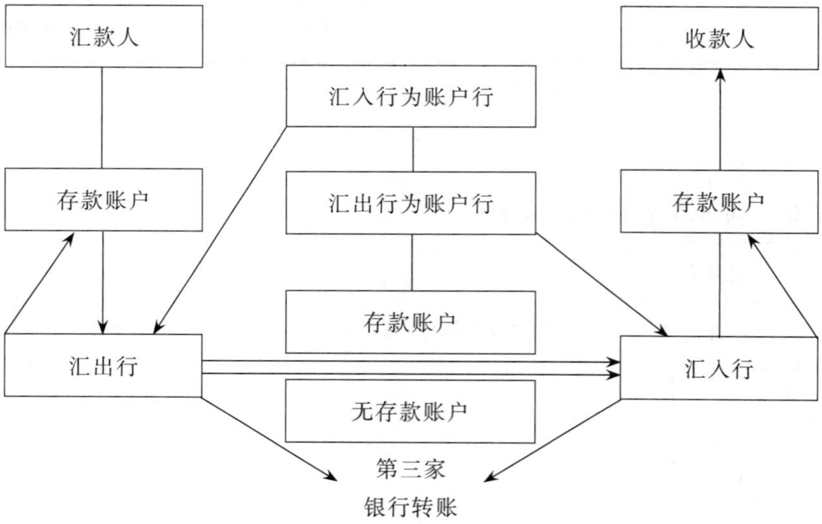

图 2-16 汇款头寸的划拨指示

三、汇入汇款业务知识点

（一）汇入汇款业务的处理

汇入汇款基本程序如图 2-17 所示。

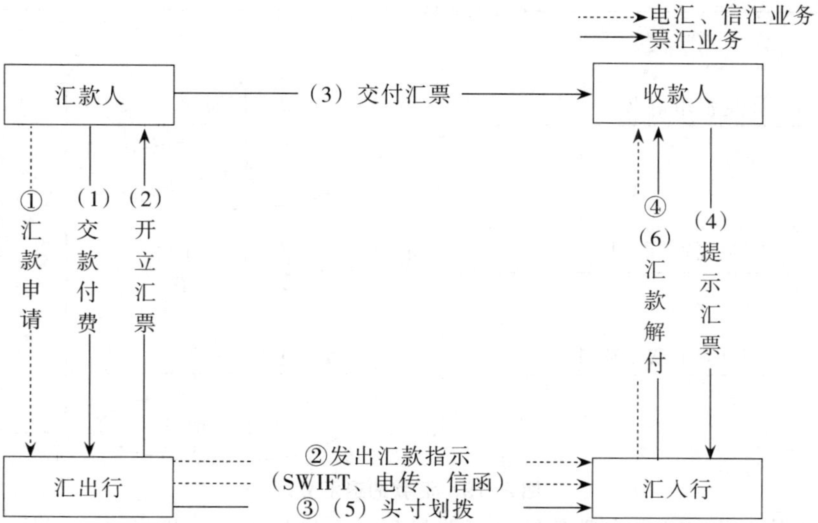

图2-17　汇入汇款基本程序

电汇、信汇业务中汇入汇款环节包括：

①汇入行收到汇款指示；

②头寸划拨；

③汇款解付。

票汇业务中汇入汇款环节包括：

①收款人提示汇票；

②头寸划拨；

③汇款解付。

（二）汇入行业务处理环节和要求

汇入行业务处理环节如图2-18所示。汇款的退汇处理如图2-19所示。

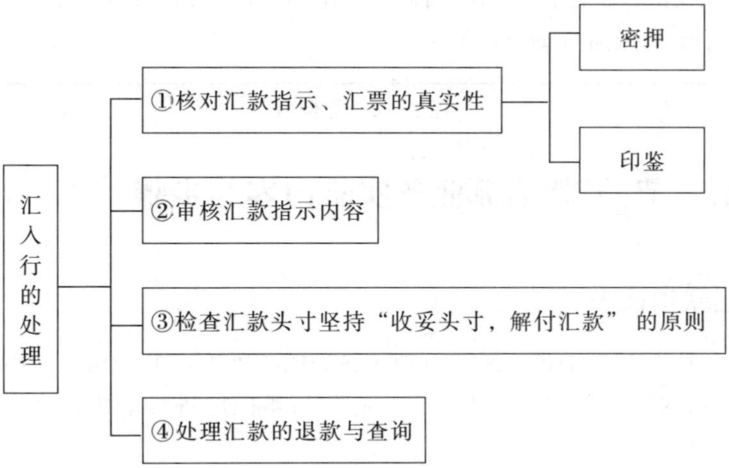

图2-18　汇入行的处理环节

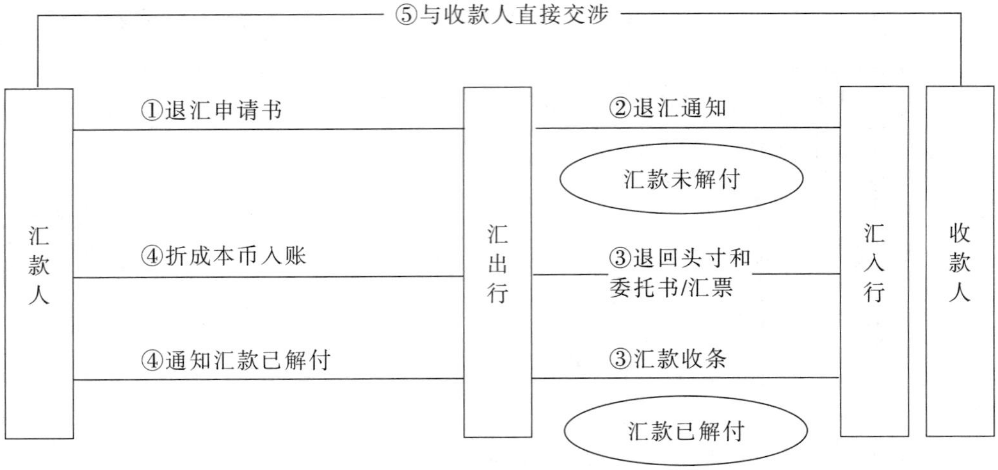

图2-19 汇款的退汇处理

办理票汇退汇时，为避免挂失汇票找到后而导致银行承担风险，汇款人应向汇出行出具担保书。担保书格式如图2-20所示。

LETTER OF INDEMINITY

WHEREAS YOU ISSUED TO ME/US A DRAFT NO. DATED FOR THE AMOUNT OF IN FAVOUR OF AND WHEREAS SUCH DRAFT HAS BEEN LOST OR MISLAID, AND I/WE HEREBY REQUEST YOU TO ISSUE TO ME/US A REPLACEMENT DRAFT.

NOW THREFORE IN CONSIDERATION OF THE PAYMENT OF THE AMOUNT OF SUCH DRAFT, I/WE HEREBY UNDERTAKE AND AGREE TO INDEMITY YOU AND YOUR AGENTS FROM AND AGAINST ALL LOSS WHICH YOU/THEY MAY INCURE OR SUSTAIN BY ANY REASON. AND PARTICULARLY IN THE EVENT OF SUCH DRAFT AND FUTHER, IF SUCH DRAFT SHALL AT ANY TIME HEREAFTER COME TO MY/OUR POSSESSION, I/WE WILL DELIVER TO YOU WITHOUT ANY COST.

图2-20 担保书

第三节 汇款结算业务实验内容与步骤

一、汇款申请书

2019年6月4日，CHINA NAT.METALS&MINERALS I/E CORP.向中国银行提交如图2-21所示的境外汇款申请书。汇出行按所给问题进行审核，将审核内容填在表2-3中。

		☑电汇 T/T □票汇 D/D □信汇 M/T	发电等级 ☑普通 Normal □加急 Urgent Priority	
	申报号码 BOP Reporting No.	□□□□□□ □□□□ □□ □□□□□□ □□□□		
20	银行业务编号 Bank Transc. Ref No.		收款行/付款行 Receiver/Drawn on	
32A	汇款币种及金额 Currency & inter-bank Settlement Amount	HK Dollars 20 000.00	金额大写 Amount in Words	HK Dollars Twenty Thousand only
其中	现汇金额 Amount in FX	HK Dollars 20 000.00	账号 Amount No./Credit Card No.	3456989674
	购汇金额 Amount of Purchase		账号 Amount No./Credit Card No.	
	其他金额 Amount of Others		账号 Amount No./Credit Card No.	
50a	汇款人名称及地址 Remitter's Name & Address	CHINA NAT. METALS & MINERALS I/E CORP.		
		□对私	个人身份证号码 individual ID No.	
☑对公 组织机构代码 Unit Code □□□□□□□□-□			□中国居民个人 Resident individual □中国非居民个人 Non-Resident individual	
54/56a	收款银行之代理行名称及地址 Correspondent of Beneficiary's Bank Name & Address			
57a	收款银行之代理行名称及地址 Beneficiary's Bank Name & Address	收款人开户银行在其代理行账号 Bene's Bank A/C No.		
		PO SANG BANK LTD. Hong Kong		
59a	收款人名称及地址 Beneficiary's Name & Address	收款人账号 Bene's A/C No. 0709166060322-8		
		United Trading Company Hong Kong		
70	汇款人附言 Remittance Information	只限140个字位 Not Exceeding 140 Characters	71a	国内外费用承担 All Bank's Charges if Any Are To Be Borne By ☑汇款人 OUR □收款人 BEN □共同 SHA
		COMM.UNDER S/C NO. CT0011-01		

收款人常驻国家（地区）名称及代码 Resident Country /Region Name & Code			□□□		
请选择：□预付货款 Advance Payment □货到付款 Payment Against Delivery □退款 Refund □其他 Others				最迟装货期	
交易编码 BOP Transac. Code	□□□□□□	相应币种及金额 Currency & Amount		交易附言 Transac. Remark	
	□□□□□□				
是否为进口核销项下付款	□是 □否	合同号		发票号	
外汇局批件/备案表号		报关单经营单位代码	□□□□□□□□□□□□□		
报关单号		报关单币种及总金额		本次核注金额	
报关单号		报关单币种及总金额		本次核注金额	

银行专用栏 For Bank Use Only		申请人签章 Applicant's Signature	银行签章 Bank's Signature
购汇汇率 Rate		请按照贵行背页所列条款代办以上汇款并进行申报 Please Effect The Upwards Remittance. Subject to The Condition Overleaf	
等值人民币 RMB Equivalent			
手续费 Commission			
电报费 Cable Charges			
合计 Total Charges		申请人姓名 王大义 Name of Applicant	核准人签字 Authorized Person
支付费用方式 In Payment of the Remittance	□现金 by Cash □支票 by Check □账户 from Account	电话 Phone No.	日期 Date
核印 Sig. Ver		经办 Maker	复核 Checker

图2-21　汇款申请书

表 2-3　　　　　　　　　　**汇出行审核内容**

项目	内容
（1）汇款方式	
（2）汇款人公司名称	
（3）收款人公司名称、地址	
（4）汇款金额	
（5）款项用途	
（6）银行费用由哪方支付？	
（7）汇款当日港币现钞价为86.77/87.8，港币现汇价为87.47/87.8，汇款人应提交多少人民币现钞给银行？	
（8）银行在哪些情况下可免责？	
（9）在我国现行外汇管理规定下，汇款人办理汇款业务时应注意哪些事项？	
（10）银行费用由哪方支付？	

二、电汇中的汇款电文

（一）填写电汇电文

将下面三份电文的内容填写在表2-4中。

1.电文一（图2-22）

FM：HONGKONG AND SHANGHAI BANKING CORPORATION LTD. HONG KONG

TO：THE AGRICULTURAL BANK OF CHINA GUANGZHOU

DATE：8TH JUNE

TEST 2876A OUR REF TT201498

PLS PAY HKD34000， VALUE 8 JUNE ACCOUNT NO. 764583984-128 FAVOUR PRECISION PHOTO EQUIPMENT LTD. JINXING BUILDING 22 GUANGHOU MESSAGE COMM. UNDER S/C NO.87364 ORDR AA COVER WE HAVE CREDITED YOUR ACCOUNT WITH US.

图2-22　电文一

2.电文二（图 2-23）

BKCH CN BJ 400

103

CITIUS33

20：0307DR09888762

23B：CRED

32A：090511 USD2376

33B：USD2376

50K：AAA COMPANY

59：/3765498

BBB COMPANY

SHA

图 2-23　电文二

3.电文三（图 2-24）

FM：BANK OF AMERICA，NEW YORK

TO：INDUSTRIAL AND COMMERCIAL BANK OF CHINA，GUANGDONG BRANCH

DATE：14TH，OCT

TEST 87593 OUR REF TT10908-04

PLS PAY USD38 000 VALUE 14，OCT，TO GUANGDONG CEREALS OIL AND FOODSTUFFS I/E GROUP CORP VIA A/C NO. 310910079 BEING PROCEEDS. UNDER S/C NO. CT89768 ORDER WITH FOOD CO. LTD. COVER CREDITED YOUR H.O. ACCOUNT.

图 2-24　电文三

表 2-4　**汇款电文内容**

审核内容＼电文	电文一	电文二	电文三
（1）汇出行			
（2）汇入行			
（3）发电日期			
（4）密押、汇款编号			
（5）汇款金额、起息时间			
（6）收款人			
（7）附言			
（8）汇款人			
（9）头寸划拨			

（二）信汇电文

中国农业银行广州市分行接受CHINA NAT.METALS&MINERALS I / E CORP.的汇款申请，于2019年3月8日发送汇款电文（图2–25）。其中，汇入行是PO SANG BANK LTD.，HONGKONG，汇出行在汇入行开立有港币存款的账户，费用由受益人承担。

FM：________________

TO：________________

DATE：________

TEST：________OUR REF NO.________

PAY________VALUE________TO________

________FOR CREDITING ACCOUNT NO.________

MESSAGE________________

ORDER________________

COVER________________

图2–25　信汇电文

（三）SWIFT电文

中国农业银行广州市分行采用SWIFI'M / T103汇款格式，将电报内容输入电脑发送至汇入行PO SANG BANK LTD.，HONG KONG，如图2–26所示。

Industrial and Commercial Bank of China

Guang zhon

PAYMENT ORDER

Date：____，____，____

TO

No. of Mail transfer	To be paid or credited to	Amount

Amount in Words：________

By order of ________Remarks

□You are authorized to debit our account with you

□We have credited your A/C with us.

□Funds remitted to you via.

Industrial and Commercial Bank of China

图2–26　SWIFT电文

（四）信汇委托书

2019年3月18日，中国银行广州分行收到中国银行香港分行信汇委托书（图

2-27)，按信汇委托书所示内容对其进行审核，填入表2-5中。

中国银行香港分行

BANK OF CHINA，HONG KONG BRANCH

下列汇款，请即解付，如有费用请内扣。我已贷记你行 日期15，March，2019，Guangzhou 账户。

Please advise and effect the following payment less your Charges if any. In cover, we have credited your account with us.

此致

TO BANK OF CHINA, GUANGZHOU

信汇号码 No. of Mail transfer	收款人 To be paid to	金额 Amount
MT992568	Ruiqi Garment Co. Ltd.， Guangzhou a/c No. 34568-113	HKD200 000

大写金额

Amount in Words：H. K. Dollars Two Hundred Thousand

附言

Message：Being Proceeds under S/C No. 99CC03026

汇款人

By order of

Universal Garment Imp. & Exp. Co.

Hong Kong

中国银行香港分行

BANK OF CHINA，HONG KONG

图2-27 信汇委托书

表2-5

信汇委托书的内容

项目	内容
(1) 汇出行	
(2) 汇入行	
(3) 收款人	
(4) 汇款人	
(5) 汇款货币及金额	
(6) 款项用途	
(7) 汇款头寸划拨指示	

三、票汇中的银行即期汇票

中国银行纽约分行于2019年6月1日收到Wiletecc Co., Ltd., New York提交的汇票（图2-28）。按所给问题对汇票进行审核和处理，填入表2-6中。

	BANK OF CHINA
	This draft is valid for one　　　　No. 126779
	Year from the date of issue　　　　Amount USD20 000.00
	Guangzhou 15th, May, 2019
	Pay to the order of Wiletecc Co., Ltd., New York
中国银行	the sum of U. S. Dollars Twenty Thousand Only
	To Bank of China 410 Madison Avenue Now York 110017

图2-28　提交的汇票

表2-6

汇票的内容

项目	内容
（1）汇出行	
（2）汇入行	
（3）收款人	
（4）汇款人	
（5）汇款货币及金额	
（6）汇票的付款期限	
（7）客户提出汇票遗失，出票行应如何处理？	
（8）是否是中心汇票？	

四、汇款中的退汇

根据汇出行和汇入行发出的退汇电文和退汇通知书，按其所示内容进行处理。

1.退汇电文一（图2-29）

> We return herewith your Draft No. C249/7681 for USD200 000.00 for credit to our account 786-723987-03 Anglo international Co. and regret to advise that we unable to deposit the proceeds to the captioned account because the name of the payee differs from our records. It should read as Anglo Co. Ltd.…

图2-29　退汇电文一

2.退汇电文二（图2-30）

Our Draft No. 3893-987 dated 20 May 2019 for AUD05 000.00 for credit to GoodLuck Co. Ltd., referring to the captioned item,, we are informed by the remitter that the above mentioned draft has gone ashtray in mail delivery. In this connection, we shall be much obliged if you will cancel the said draft your records and return the relative advice of drawing to us.

图2-30 退汇电文二

五、退汇通知书

收到退汇通知书，如图2-31所示，根据其内容，填表2-7。

Your Remittance receipt No. TT56343 For HKD65 000.00 dated Aug. 30, 2019 Payable to A/C No. 86754 for A/C of BBB Co. With reference to the above, we return herewith the remittance receipt to you for the following reason (s): ☐ No account ☒ Account closed ☐ Name and A/C not matched ☐ Insufficient detail to identify Kindly acknowledge receipt by signing and returning to us the attached copy of this letter.

图2-31 退汇通知书

表2-7 退汇通知书的内容

业务及处理	退汇电文一	退汇电文二	退汇通知书
(1) 汇款基本情况			
(2) 退汇理由			
(3) 退汇的银行			
(4) 银行的处理			

六、汇款的查询

根据汇出行和汇入行所给查询电文和查询书，按其所示内容进行处理。

1.电文一（图2-32）

Re: Our P. O. Ref H783746 Dated Feb. 20, 2019 The beneficiary claims non-receipt of the funds up to date, you are kindly requested to investigate this matter and revert by telex.

图2-32 电文一

2.电文二（图 2-33）

Re：Our P. O. Ref 8976224 Dated July. 10，2019 Please furnish us with more information such as contract No.， the name of the goods and the quantity, because the beneficiary is unable to apply with the information given.

图 2-33　电文二

3.电文三（图 2-34）

Re：Our P. O. Ref J67398 Dated Nov. 18，2019 Please let us learn the full address of the payee of your above payment order, as we have been unable to locate them and are holding your order pending.

图 2-34　电文三

4.电文四（图 2-35）

Re：Our P. O. Ref 563765 Dated Jan. 18，2019 If the payment has already been effected，please forward us the payee's receipt.

图 2-35　电文四

5.查询书一（图 2-36）

XXX Bank

To：YYY Bank

Our DD/MT/TT No. TT00498 dated 8th June 2019 for USD505 000.00

In favor of Kim Hwa Textiles Co.， 89 London St. Singapore

We refer to the above remittance and request you to rake note of the following item（s） marked "X" and act accordingly:

☐ We have received your letter/cable dated.

☐ The name and address of the payee are amended to read us follow:

☒ The remitter has informed us that the above remittance had not yet been received by the payee up to the date.

☐ If the payment has already been effected，please forward the payee's receipt to us.

☒ Kindly confirm to us by mail/cable/the date of payment of the remittance.

☐ The above DD has been return to us for cancellation.

☐ The above DD has been reported lost and should be treated as cancelled
Please confirm that you have placed stop payment on this DD.

☐ At the request of the remitter please cancel the above remittance immediately，if unpaid and credit the amount to our account with you after deducting your charges if any，under advice to us.

XXX Bank

图 2-36　查询书一

6.查询书二（图2-37）

XXX Bank

To：YYY Bank

Re：your TT999888 dated 99033 for USD8 900. payable to Hing Long Magnetronic Co. Ltd.

We refer to the above mentioned item and would like to advise you s marked “X” below：

☐ The payment order is not properly signed，please confirm its regularity.

☒ The amount in words and figures on the payment order differ，please confirm the correct amount

☐ Payment was effected on________，a photocopy of the beneficiary's receipt is enclosed for your reference.

☐ The beneficiary's cannot be located at the address given，please give further information.

☐ Name / address of the beneficiary is incomplete，please give full details.

☐ Beneficiary's name / account number does not match with that in our records.
Please furnish us with the correct information.（The account name / number should read________.）

☐ The beneficiary's name differs from that in his/her identification document please let us have the correct name.

☒ We do not appear to have received your reimbursement，please promptly investigate and credit our account with Bank of America N.T. & S.A.，in settlement under advice to us.

☐ We enclose a photocopy of telex from________ of________ with yourselves，please authenticate it.

☐ We have not yet received your reply to our letter（s）of________，photocopy（ies）of which is / are endorsed for your reference. Please let us have your reply as soon as possible.

☐ Please contact our Miss / Mr.________of remittance Dept at________.

☐ With reference to your letter dated________claiming non-receipt of our debit advice of the above remittance，we hereby enclose the duplicated advice for your disposal.

Thank you for your kind attention.

XXX Bank

图2-37 查询书一

根据以上内容，填表2-8。

表2-8 **需填写的内容**

问题 \ 查询	电文一	电文二	电文三	电文四	查询书一	查询书二
查询内容						
银行的处理						

第三章
托收结算业务实验

实验目的

托收委托书填写完整性、准确性的审核。
根据托收委托书和条件正确缮制托收指示。
托收指示完整性、准确性的审核。
掌握拒付中退票通知书、拒付电文的发送、审核和处理。
跟单托收处理流程和注意事项。
付款交单、承兑交单处理流程。

实验要求

托收行审核光票托收委托书。
托收行根据所给光票托收委托书缮制光票托收指示。
托收行审核跟单托收委托书。
托收行根据所给跟单托收委托书缮制跟单托收指示。
代收行审核跟单托收指示。
代收行缮制和发送退票通知、拒付电文。
托收行对收到的退票通知和拒付电文进行审核和处理。

第一节 托收结算基础知识

一、托收结算方式概述

托收是国际贸易结算中一种主要的结算方式，是货物装运后，出口商开出以进口商为付款人，随附或不随附货运单据的汇票，并委托出口商所在地银行通过其在进口商所在地的分行或代理行收取货款的一种结算方式。托收的实质是银行为交易双方提供的介于延期付款和预付货款之间的一种结算方式，属于商业信用的一种。托收采用的是逆汇法，即在托收业务中，结算工具的传递方向与资金的流动方向不一致。参与托收的银行主要只负责传递单据和货款而不负责向收款人作出任何保证付款的承诺，因此属于商业信用。

（一）托收结算方式的定义

1.国际贸易项下托收的定义

在国际贸易中，交易双方会在合同中确定结算货款的方式，而托收是贸易中常用的结算方式之一。用托收作为结算方式的交易过程为：首先，交易双方之间签订以托收为结算方式的商品买卖合同，出口商按照合同要求将货物发出，并将所有单据备齐，然后委托出口商当地的银行来帮助其收取货款。该银行若在收到出口商提供的全套单据并决定为出口商办理托收业务后便成为这笔业务中的托收行。托收行会将全套单据交与其在进口商所在地的分行或代理行并委托该行代收款项，代收款项的银行被称为代收行。代收行会向进口商提示汇票及全套单据，在进口商付款赎单之后将货款汇给托收行，而最后托收行会将款项贷记出口商的账户。

2.托收的类型

根据不同的分类方式，可以将托收划分为不同的业务类型：

（1）出口托收（Outward Collection，O/C）。出口托收是指出口商和出口方银行对托收的称谓。

（2）进口代收（Inward Collection，I/C）。进口代收是指进口商和进口方银行对托收的称谓。所以，针对每一笔具体的托收业务，具体可以分解为出口托收和进口代收两个业务区域。

（二）托收业务的当事人及其权责

托收的主要当事人包括出口商、进口商、出口商银行和进口商银行。同时，根据具体业务内容和类型的不同，也可能涉及其他的当事人。

1.委托人

委托人（Principal）是指主动向银行提出托收申请，委托银行向国外付款人收取款项的当事人。在跟单托收业务中，委托人通常是出口商。因为他也是开出汇票的当事人，所以也被称为出票人（Drawer）。

委托人作为出口商，必须履行与进口商之间签订的贸易合同，负有按合同交货和交单的义务和责任。同时，作为委托银行办理托收的主体，它必须履行与银行之间签订的委托代理合同，负有填制托收申请书（Collection Application），支付各项费用等责任。具体来说，委托人应在银行提供的托收申请书上作出明确的指示，以及在发生意外时作出及时的指示；并向银行提交相关的金融单据和（或）商业单据，还需支付包括手续费、电报费、邮费、拒绝证书费等在内的各项费用。

2.托收行

托收行（Remitting Bank）是指接受委托人的委托，负责办理托收业务的银行。

在跟单托收业务中，托收行通常是出口商的银行。由于它地处出口商所在地，且通常要转托进口商所在地的银行代为办理汇票提示和货款收取等事项，所以须将单据寄往进口商的银行，因而也常被称为寄单行或委托行。

托收行作为受托方，必须严格按照与委托人之间签订的委托代理合同，完全按照委托人的指示来代收款项。托收行在接受委托人的托收申请后，应仔细检查，以确认所收单据与托收申请书所列一致，但不负责审核具体的单据。对于委托人的指示无法照办时，也应立即通知委托人。如果委托人没有给予明确指示，托收行可以按照常规来处理。但托收行对于任何由于传递中发生的遗失或差错概不负责。同时，作为委托代收行向债务人收取款项的当事人，托收行必须在托收指示中给予代收行明确的指示。代收行将仅仅遵循托收指示当中的指示来代收款项。

3.代收行

代收行（Collecting Bank）是指接受托收行的委托代为办理汇票提示和货款收取等事项的银行，也称受托行。在跟单托收业务中，代收行通常是进口商的银行。代收行在接受托收行的委托后，也应仔细检查，以确认所收单据与托收指示所列一致，但不负责审核具体的单据。而且，它也必须严格按照托收指示的内容行事。当无法照办时，应立即通知托收行。同样，代收行对于任何由于传递中发生的遗失或差错概不负责。

值得注意的是，未经代收行事先同意，货物不能直接发给代收行。如未经同意就将货物发给银行或以银行为收货人，该银行无义务提取货物，仍由发货人承担货物的风险和责任。

而且，代收行负有保管单据的职责。但是根据URC522第26条的规定：托收行在收到拒付通知后，必须作出处理单据的相应指示。在发出拒付通知的60天内，代收行仍未接到相应指示的，可以将单据退回给托收行，代收行不再承担任何责任。

4.付款人

付款人（Payer）是指根据托收行的指示，由代收行向其提示汇票并收取款项的当事人。在跟单托收业务中，付款人通常是进口商。因为他也是汇票上注明的应接受无条件支付命令的当事人，所以常称为受票人（Drawee）。

5.提示行

提示行（Presenting Bank）是指向付款人提示汇票和单据的银行，又称交单行。一般来说，代收行即为提示行。但如果代收行与付款人之间素无往来关系（即付款人未在代收行开户）而它与付款人的往来银行之间存在账户关系，为了如期获得承兑或付款，可以委托付款人的往来银行充当提示行。

6.需要时代理

需要时代理（A Representative to Act as Case-of-Need）是指在托收中如果发生拒付，委托人需指定为其办理在货物运至目的港时所有关于货物的存仓、保险、重新议价、转售或运回等事项的当事人。需要时代理一般在委托人填制托收申请书时就应注明，并应具体规定其所拥有的权限，否则，银行将不接受需要时代理作出的任何指示。

二、托收的种类

（一）光票托收

光票托收是指仅有金融单据而不附带商业单据（主要是货运单据）的托收方式。在实务中，商业汇票、银行汇票、支票、本票等都可以凭以到银行办理光票托收。光票托收通常用于国际贸易的小额交易、预付货款、保证金、利息及其他贸易从属费用的收取以及非贸易领域的款项托收等。因为涉及金额一般不大，所以多使用即期汇票。当然，光票托收并不一定不附带任何单据，有时也附有一些非货运单据，如发票、垫款清单等。

光票托收手续简便，费用低廉，但是收汇速度慢，而且由于缺乏商业单据，所以对进口商付款缺乏约束力。

（二）跟单托收

跟单托收是指金融单据附带商业单据的托收，或是商业单据不附带金融单据的托收方式。在国际贸易结算中，托收业务一般都属于跟单托收类型。一般来说，常见的跟单托收既有金融单据也有商业单据。但是，欧洲大陆一些国家为了避免印花税，也有不开汇票，只提交商业单据委托银行代收的情况。在国际贸易跟单托收中，常见的商业单据包括发票、装箱单据或重量单据、物权凭证单据等。

（三）直接托收

直接托收是指委托人不经过托收行，自行委托代收行向国外付款人收取款项的托收方式。这在国际商会第550号出版物中有明确的定义。但是，由于URC522不愿意包括这种不经过银行间合作来办理的托收形式，所以它未被列入到URC522的规则当中。从形式上来看，这种托收虽然比上述的银行托收（光票托收和跟单托收的合称）方式效率高，但就现实情况来看，应用并不广泛。

三、托收业务中的资金融通与托收的风险

托收的运作主要基于商业信用，主要当事人——委托人、付款人和银行都会面临一定的风险。但相对而言，委托人所面临的风险更大。如何避免风险、加强防范，是当事人应特别关注的问题。

（一）委托人的风险控制

委托人的风险控制包括对进口商进行详尽的资信调查与评估，在合同签订时，尽可能争取对自己有利的贸易条件，如CIF方式。在向银行申请办理托收时，尽可能使用付款交单方式。了解进口国有关政策和规定，如进口国家的银行是否做远期付款交单业务以及如何处理这类业务；进口国海关在进口手续、港口管理等方面的有关规定；进口国外汇管制方面的有关规定。尽可能选择进口商的账户行作为代收行，以利于进口商获得融资，按时付款。在进口商所在地设置分支机构或代理人，

为其办理在货款一旦被拒付时可能带来的货物存仓、保险、转售或运回等手续。

（二）付款人的风险控制

付款人通过跟单托收购买货物可以减少费用支出和资金占用，但进口商也面临着一定风险，主要表现在出口商交付的货物不符合规定，或者遭遇欺诈。鉴于此，进口商应对出口商的资信及经营作风进行深入、全面的调查了解；严格审核出口商提交的单据，坚持单据与合同之间、单据与单据之间必须一致，否则不予接受；采用对进口商有利的交单方式，如承兑交单、远期付款交单，凭信托收据提货等。

（三）银行的风险控制

托收的性质决定了银行在不提供贸易融资的情况下，在托收业务中仅扮演支付结算中介的角色，其并未提供信用服务，并未作出任何付款承诺，故银行面临的风险相对较小。但银行在接受委托后，因自身原因未能履行应尽义务，则要承担由此而造成的损失。所以，银行应按照国际惯例及委托人的指示谨慎行事，避免失误。此外，托收行在提供托收出口押汇等融资便利，代收行在自行决定向付款人提供信托收据融资时，必须要防范与控制相关风险。

第二节 托收结算业务实验原理

一、托收方式的当事人及法律关系

托收的当事人及法律关系如图3-1所示。

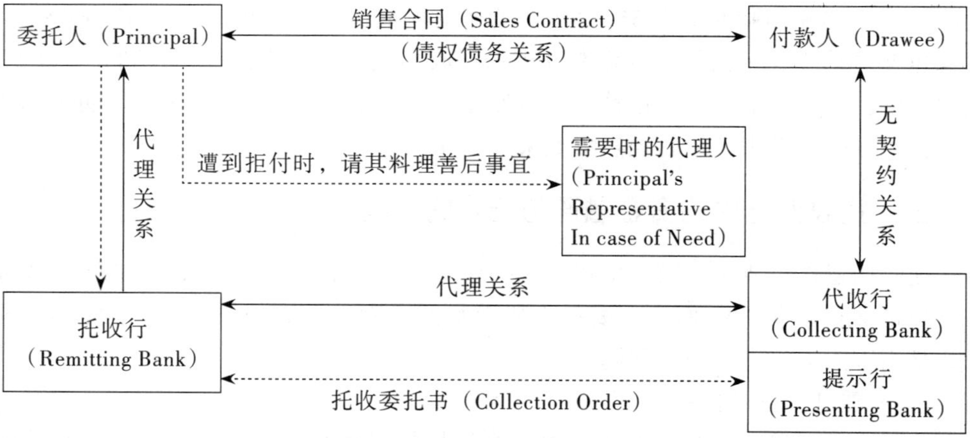

图3-1 托收的当事人及法律关系

二、托收方式的种类

托收的种类见表3-1。即期付款交单、远期付款交单和承兑交单的业务程序如图3-3、图3-4和图3-5所示。

表 3-1　　　　　　　　　　　　　　　　　**托收的种类**

<table>
<tr><th>分类</th><th colspan="2">概念</th><th>适用范围</th></tr>
<tr><td rowspan="6">光票托收
(Clean Collection)

跟单托收
(Documentary Collection)</td><td colspan="2">不附有商业单据的金融单据的托收</td><td>多用于收取出口货款尾数、样品费、佣金、代垫费用、其他贸易从属费用或向对方索赔款项等。常见光票有汇票、本票、支票、旅行支票等</td></tr>
<tr><td colspan="2">附带商业单据的金融单据的托收和不附带金融单据的商业单据的托收</td><td>适用范围较广，主要用于国际贸易项下货款结算</td></tr>
<tr><td colspan="2">1.付款交单
(Documents against Payment，D/P)</td><td>代收行必须在进口商付款后方能将单据交予进口商</td></tr>
<tr><td rowspan="2">付款交单按付款时间不同，可分为：</td><td>即期付款交单
(D/P at sight)</td><td>代收行在收到托收行的单据和托收委托书后立即直接或通过提示行向进口商提示有关单据。如果单据合格，进口商须马上付款，代收行收款后交单</td></tr>
<tr><td>远期付款交单
(D/P at…days after sight)</td><td>代收行收到单据后立即向进口商提示汇票和单据。如果单据合格，进口商应立即承兑汇票，并在付款到期日向代收行付款，代收行在收妥票款后向进口商交单</td></tr>
<tr><td colspan="2">2.承兑交单
(Documents against Acceptance. D/A)</td><td>使用远期汇票收款时，当代收行或提示行向进口商提示汇票或单据时，如果单据合格，进口商对汇票加以承兑时，银行即凭进口商的承兑向进口商交付单据。俟汇票到期，进口商再向代收行付款</td></tr>
</table>

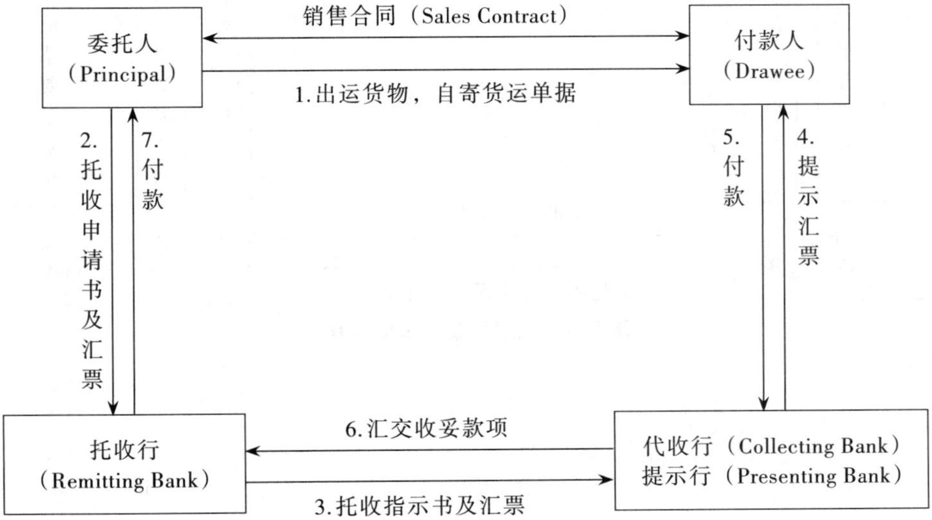

图 3-2　光票托收业务程序

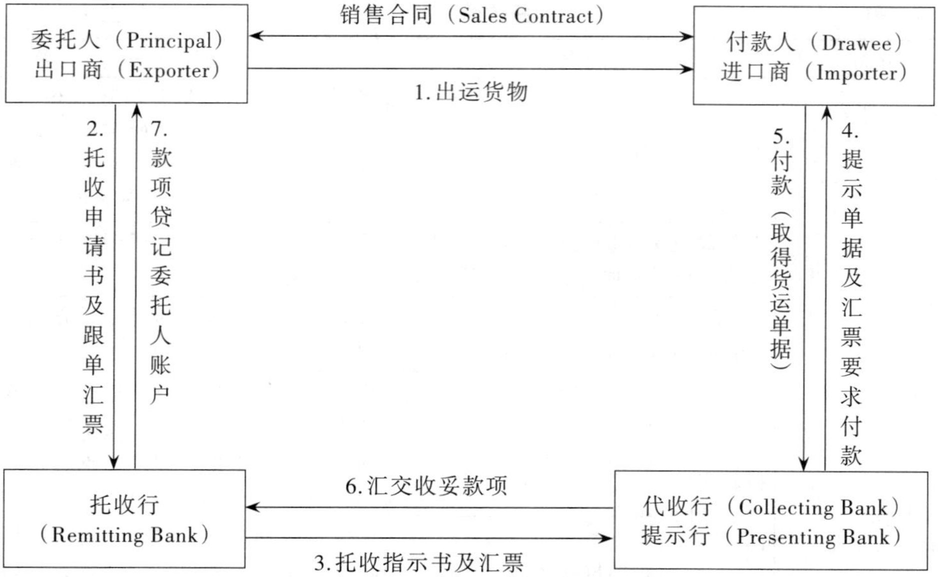

图 3-3　即期付款交单业务程序

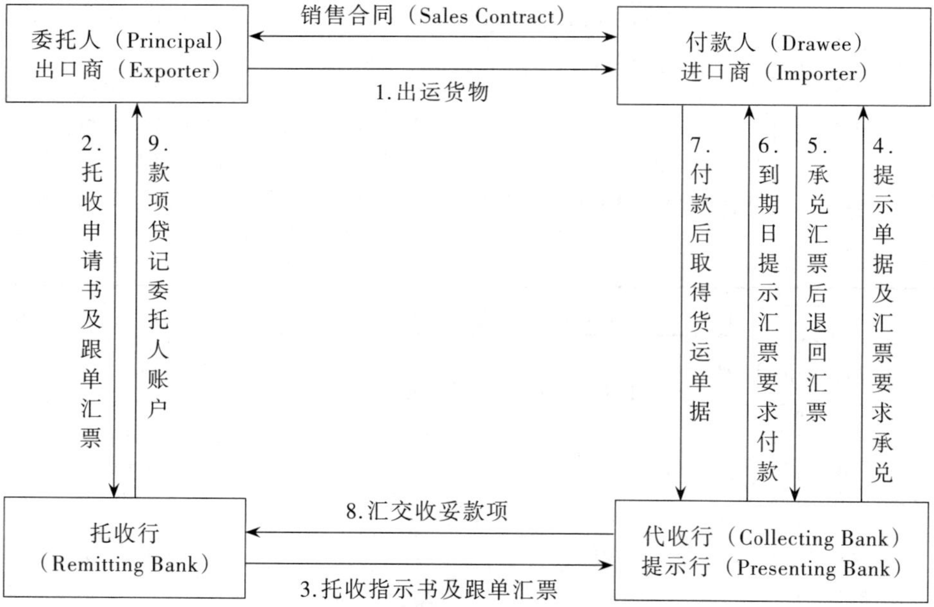

图 3-4　远期付款交单业务程序

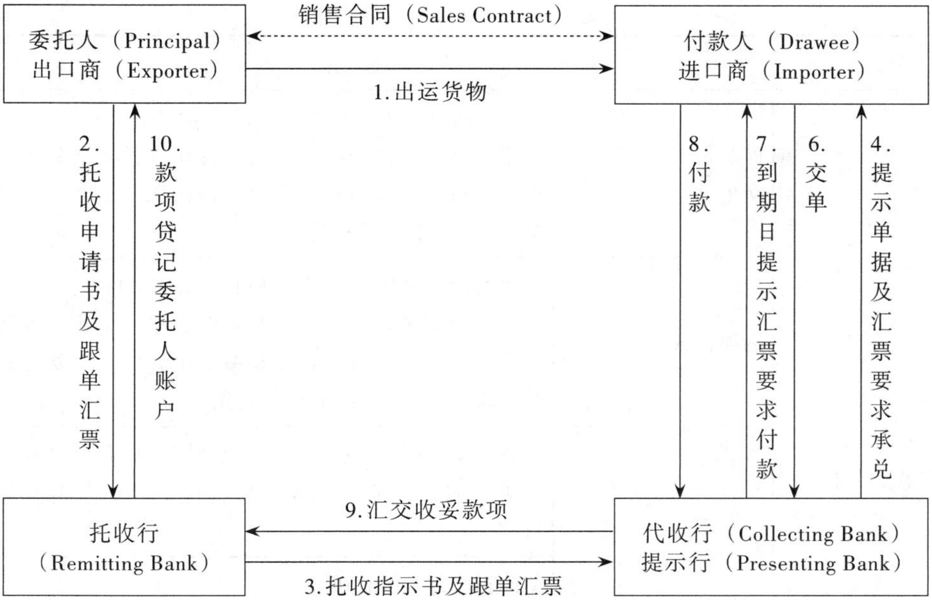

图3-5　承兑交单业务程序

三、托收的业务流程

（一）进口托收的基本流程

银行办理进口托收业务的流程见表3-2。

表3-2　**银行办理进口托收业务的流程**

流程	处理内容	
1.收单审核	单据种类份数审核	审核《托收指示书》所列单据种类份数与实际所附单据是否一致
	《托收委托书》内容的审核	进口商名称、地址、电话等是否清楚明确
		出口商名称、地址等是否清楚明确
		托收币种、金额与所附单据是否一致
		交单办式是否明确
		索汇路线是否清楚
		托收费用、利息负担是否明确
		是否注明遵循URC522
2.提示单据	缮制《对外付款／承兑通知书》	
	将来单及单据情况通知进口商，并要求其办理付款/承兑/拒付手续	

续表

流程	处理内容	
3.付款／承兑	即期付款交单	进口商同意付款，在《对外付款/承兑通知书》上签章，确定进口商账户余额足够后进行扣款，将全套正本单据交进口商，扣除相关费用后按托收委托书上的付款指示，对外付款给指定银行
	远期付款交单	进口商同意付款，在《对外付款/承兑通知书》上签章，到期日确定进口商账户余额足够后进行扣款，将全套正本单据交进口商，扣除相关费用后按托收委托书上的付款指示，对外付款给指定银行
	承兑交单	①进口商同意承兑，在《对外付款/承兑通知书》上签署“同意承兑”并签章后，将全套正本单据交进口商
		②向托收行发承兑通知
		③于到期日前提示付款人付款，在付款人付款后扣除相关手续费后对外付款。如提示付款后，付款人拖延付款甚至不付款，代收行不承担责任，但应及时将情况通知托收行
	备注：跟单托收方式的贸易进口，凭进口合同、进口付汇核销单、进口付汇通知书及该结算方式要求的有效商业单据办理售汇	
4.拒付	发出拒付通知	付款人在《对外付款/承兑通知书》上明确表明拒绝付款/拒绝承兑，代收行应及时通知托收行
	拒付后处理	拒付后付款人同意付款/承兑，必须书面通知代收行并签章
		如付款人要求改变交单条件、降价、延长付款期限、无偿交单等，必须书面通知代收行并签章，代收行通知托收行，请其征得出口商同意，并等待托收行指示办理
		如发出拒付通知60天内未接到指示，代收行可将全套单据退回托收行。也可随时按托收行指示或付款人指示退单

（二）出口跟单托收

出口跟单托收（Outward Collection，OC）的流程见表3-3。

表 3-3　　　　　　　　　　　　　　**出口跟单托收业务流程**

<table>
<tr><th>流程</th><th colspan="4">处理内容</th></tr>
<tr><td rowspan="14">1. 接单审核</td><td>接单</td><td colspan="2">委托人（出口商）填写《跟单托收申请书》</td><td rowspan="10">《跟单托收申请书》是出口商与托收行之间的代理契约，是托收行办理跟单托收业务的基本依据</td></tr>
<tr><td rowspan="13">审核</td><td rowspan="9">审核《跟单托收申请书》</td><td>交单联系人、电话及公司签章是否齐全</td></tr>
<tr><td>《跟单托收申请书》所列单据种类、份数与所附单据是否一致</td></tr>
<tr><td>托收币别、金额与托收单据是否一致</td></tr>
<tr><td>交单方式是否明确、交单方式与付款期限是否一致</td></tr>
<tr><td>出口商的全称、地址等详细资料</td></tr>
<tr><td>进口商的全称、地址等详细资料</td></tr>
<tr><td>代收行的全称、地址等详细资料，与进口商所在地是否一致</td></tr>
<tr><td>明确托收费用、利息等的负担方</td></tr>
<tr><td>拒绝付款或拒绝承兑时的指示，是否要求拒绝证书</td></tr>
<tr><td rowspan="4">审核商业单据</td><td>汇票出票人、托收方式、期限与《跟单托收申请书》上相应内容是否一致</td><td rowspan="4">银行没有审核跟单托收业务项下单据的义务，仅根据《跟单托收申请书》对单据进行表面一致性审核</td></tr>
<tr><td>发票签发人与出口商一致</td></tr>
<tr><td>海运提单、保险单应正确背书</td></tr>
<tr><td>主要单据之间是否矛盾</td></tr>
<tr><td rowspan="2">2. 委托收款</td><td rowspan="2">选择代收行</td><td>出口商指定代收行</td><td colspan="2">如指定的代收行是托收行代理行，则按其指示办理；如非托收行的代理行，应向出口商说明，经其同意并在《跟单托收申请书》上进行相应的修改确认，选择托收行代理行作为代收行，其指定的银行可作为提示行。如委托人坚持不改，可按其指示办理，但应书面确认由此引起的延误或其他后果托收行不负责</td></tr>
<tr><td>委托人未指定代收行</td><td colspan="2">选择进口商所在地托收行境外分行或代理行，按照代收行便于进口商付款和托收行收款的原则，选择资信好、服务优良或与托收行有较好业务往来关系的代理行作为代收行</td></tr>
</table>

续表

<table>
<tr><td>流程</td><td colspan="3">处理内容</td></tr>
<tr><td rowspan="10">2.
委
托
收
款</td><td rowspan="10">缮制《跟单托收指示书》</td><td>托收行全称、详细地址、SWIFT代码、传真、电话和业务参考号等</td><td rowspan="10">《跟单托收指示书》是托收行委托代收行按托收指示及规则行事的书面文件，其内容和指示应完整明确，必须同出口商提交的《跟单托收申请书》一致
代收行未按指示或国际惯例办理，导致款项迟付或不付，应根据国际惯例向其索取迟付利息及相关费用</td></tr>
<tr><td>出口商的全称、地址等详细资料</td></tr>
<tr><td>进口商的全称、地址、电话等详细资料</td></tr>
<tr><td>代收行的全称、地址、传真、电话等详细资料</td></tr>
<tr><td>发票/汇票号码、托收的币种、金额</td></tr>
<tr><td>单据的种类、份数</td></tr>
<tr><td>交单方式</td></tr>
<tr><td>索汇路线（即托收行账户行名称和账号等）</td></tr>
<tr><td>如遭拒付、拒绝承兑或其他指示不符时的处理指示</td></tr>
<tr><td>遵循托收统一规则URC522</td></tr>
<tr><td rowspan="6">3.
结
汇
/
入
账</td><td>付款交单</td><td>款项收妥后按照出口商性质为其办理结汇／入账</td><td rowspan="4">款项收妥后，调出相应的跟单托收委托书（面函）留底，与收汇报文要素核对。如收汇内容与面函相符，应在扣除相关费用后，及时为出口商办理结汇/入账手续，并为其出具出口收汇核销专用联，在规定时间内办理国际收支申报</td></tr>
<tr><td rowspan="4">承兑交单</td><td>承兑交单项下收到国外代收行发来的承兑通知，应在跟单托收档案内批注承兑到期日，同时将承兑通知存档并及时通知出口商</td></tr>
<tr><td>承兑到期日未收到款项，须立即向代收行催询</td></tr>
<tr><td>如代收行通知进口商到期无力付款，应及时通知出口商洽进口商解决</td></tr>
<tr><td>承兑到期收妥款项，应及时为出口商办理结汇/入账手续</td><td></td></tr>
<tr><td colspan="3">备注：跟单托收方式下的出口收汇，凭合同及该结算方式要求的有效商业单据和出口单位提供的出口收汇核销单编号办理结汇或入账</td></tr>
</table>

续表

<table>
<tr><th>流程</th><th colspan="2">处理内容</th></tr>
<tr><td rowspan="6">4.
拒
付</td><td colspan="2">①收到代收行拒绝付款 承兑等函电，应及时通知出口商，请其出具处理单据的书面意见</td></tr>
<tr><td rowspan="2">②如代收行来电要求改变交单条件、降低索汇金额、延长付款期限等，应及时通知出口商</td><td>出口商接受/部分接受/提出新的处理意见的，应要求其出具有效书面文件，托收行凭此向代收行发出指示</td></tr>
<tr><td>出口商不接受，或口头接受未出具有效书面文件的，托收行不对外发电确认</td></tr>
<tr><td colspan="2">③如出口商要求改变交单条件、降低索汇金额、延长付款期限改为无偿交单等，应要求出口商出具有效的书面文件，托收行凭此向代收行发出指示</td></tr>
<tr><td colspan="2">④如出口商要求向第三方交单，应出具有效的书面文件，注明第三方的名称、详细地址、电话、币种、金额、付款期限、交单条件等，托收行凭此向代收行发出指示</td></tr>
<tr><td colspan="2">⑤如代收行表示不能办理代收业务，应及时通知出口商，并要求其提供其他代收行，并出具有效书面文件，托收行据以向代收行发出确认并要求其代为转寄，或要求其退单后重寄</td></tr>
<tr><td></td><td colspan="2">处理内容</td></tr>
<tr><td rowspan="4">5.
退
单</td><td colspan="2">①如出口商要求退单，应要求出口商应出具有效的书面文件，托收行凭此指示代收行退单</td></tr>
<tr><td colspan="2">②收到代收行退回的单据，应核对单据的种类、份数与托收行记录是否一致，并在档案记录有关信息后，通知出口商前来取单</td></tr>
<tr><td colspan="2">③如代收行要求经办行（托收行）支付退单相关费用，按国际惯例须承担的，经办行应要求出口商支付相关费用后再退单给出口商</td></tr>
<tr><td colspan="2">④托收行要求退单而代收行不能退单的，应立即通知出口商，请其出具书面处理意见，托收行根据该指示办理</td></tr>
</table>

出口跟单托收业务的操作流程如图3-6所示。

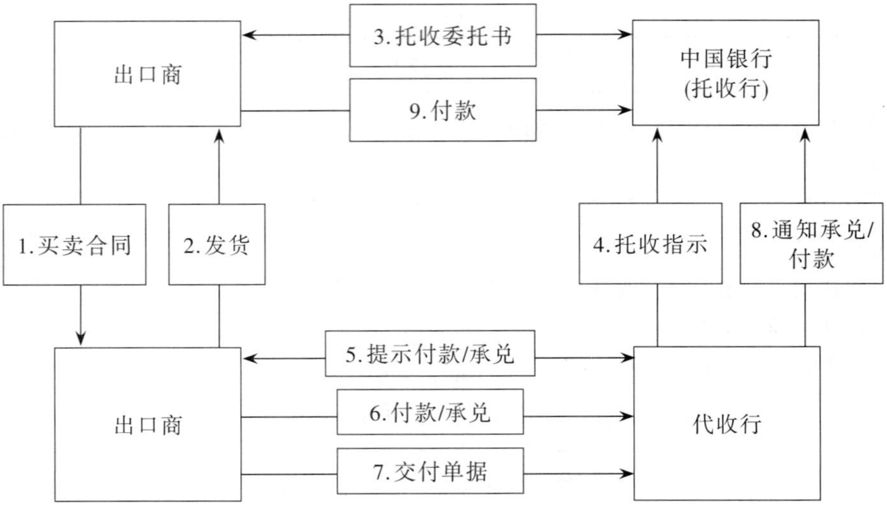

图 3-6　出口跟单托收业务的操作流程

光票托收的业务操作流程如图 3-7 所示。

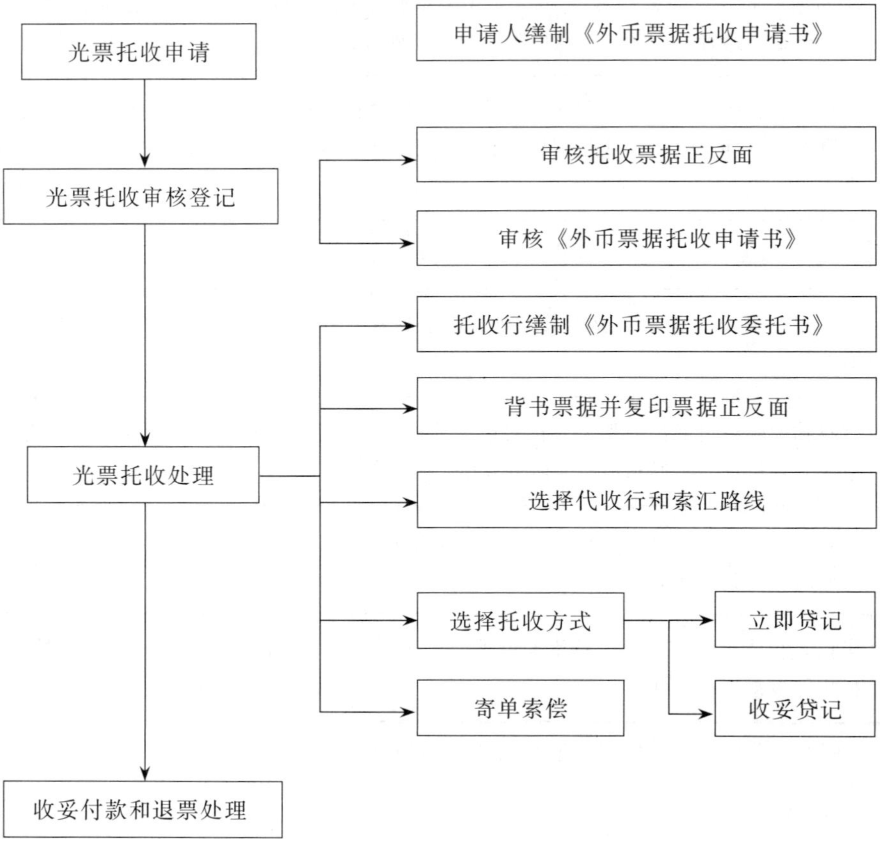

图 3-7　光票托收的业务操作流程

四、托收方式下的索偿与支付

托收方式下的索偿与支付情况如图3-8所示。

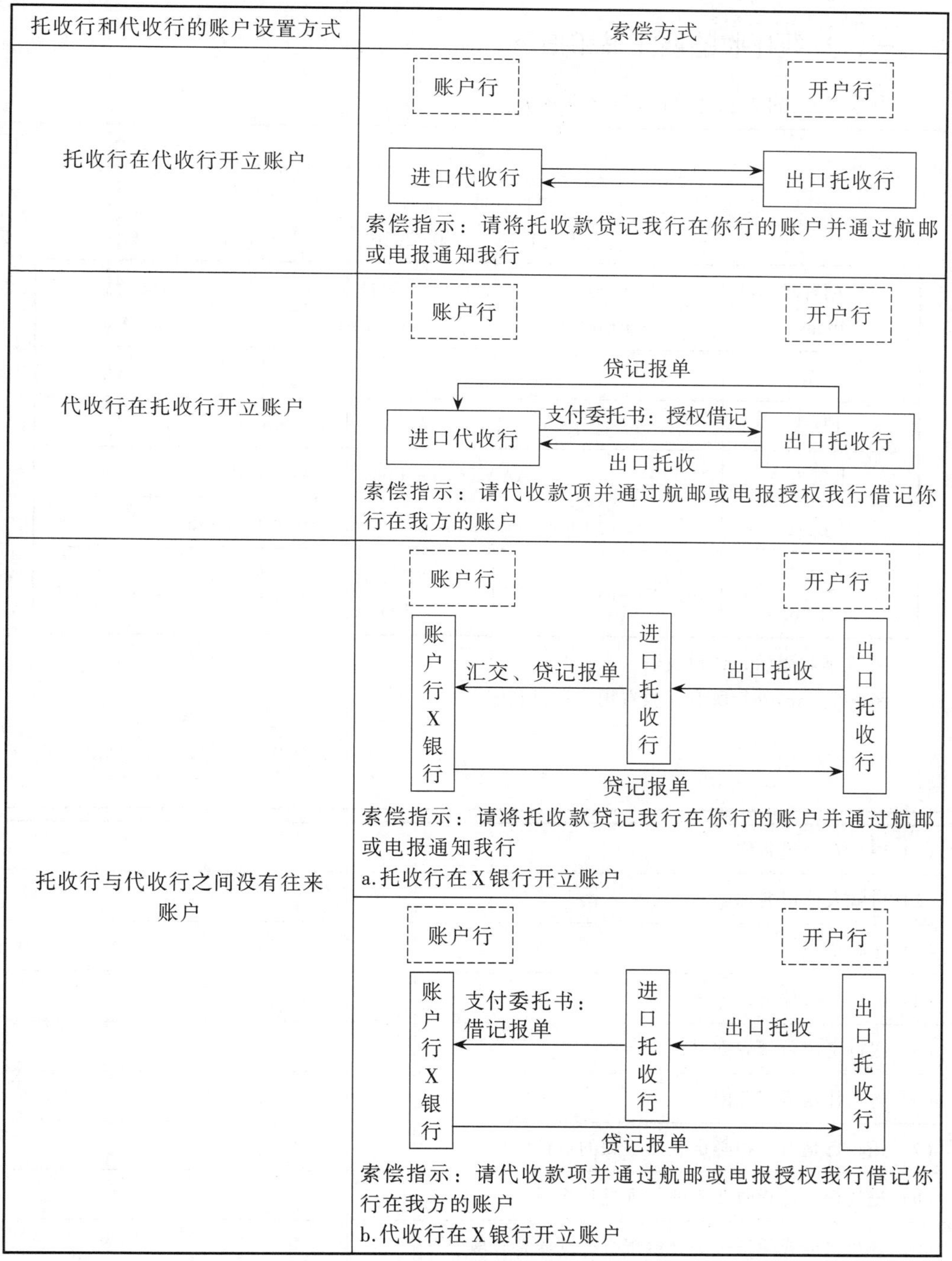

图3-8　托收方式的索偿与支付

第三节 托收结算业务实验内容与步骤

一、光票托收的委托书和指示

光票托收的委托书如图 3-9 所示。

中国银行

票据托收委托书

委托日期：22/06/2020

票据种类 Items	号码 Original No.	出票日期 Date of Issue	币别及金额 Currency &Amount
支票			
付款人	Bank of America N.T. &S.A.		
出票人	AAA Trading Company, New York		
受益人	China National Imp. & Exp. Corp. ， Guangzhou		
开户账号 A/C No.	098730-9867-9423	银行编号 Ref No.	CC09176

☒ 款项收妥后，请付我账

☒ 你行及国外行所有托收费用，请付我账

中国进出口公司广州分公司

(1) 委托人公司名称	
(2) 付款人公司名称	
(3) 托收金额	
(4) 托收票据种类、内容	
(5) 银行费用由哪方支付?	
(6) 光票托收适用范围	
(7) 托收行是否承担必定收回票款的责任?	
(8) 托收行办理托收业务的依据是什么?	
(9) 哪些票据或凭证可提交给银行办理光票托收?	

中国银行 分行

BANK OF CHINA

ORIGINAL

In all correspondence

Please always quote　　　　OUR REF 384CC-28975　　　　Date:

敬启者

Dear Sirs　　　　TO

兹奉下列票据，请即收我册。

We have pleasure in following cheque / draft for payment / collection

票据号码 Original No.	付款人 Drawn on	出票人 Drawer	金额 Amount
TOAL AMOUNT			

Please follow instructions below (marked X):

□Credit the proceeds immediately under usual reserves.

□Collections subject to final payment Not under usual reserves.

□ CREDIT the proceeds (less your charges if any) to our US Dollar amount with you under authenticated telex/SWIFT advice to us quoting our Ref No.

□REMIT the proceeds (less your charges if any) to our amount with______via CHIPS______under their authenticated telex/SWIFT advice to ______Quoting our Ref No.

□IF unpaid please cable advise us and return the same cheque / draft to us by registered airmail with reason (s) of nonpayment.

□Please acknowledge receipt.

Unless otherwise expressly stated herein is subject to the "UNIFORM RULES FOR COLLECTION" -I.C.C. BROCHURE522.

For: BANK OF CHINA GUANGZHOU

____

Authorized Signature (s)

图3-9　光票托收的委托书

二、跟单托收中的委托书和指示

（一）跟单托收委托书

2020年5月18日，Guangdong Arts & Craft Imp.& Exp.Company向中国银行广州分行提交了如图3-10所示的跟单托收委托书，托收行按所给问题审核跟单托收委托书。

托收委托书	
致：中国银行广州分行	Original Collection Application
TO：BANK OF CHINA GUANGXHOU	Date：18th，May，2020
We hand the mentioned item for disposal in accordance with the following instructions and subject to the terms and conditions setout over	兹送上下列文件，请按照下述指示办理，本司并同意遵照背面之条款。
☒ COLLEDTION	☒ Please advance against the bill/documents 请予垫款
☐NEGOTIATION under Documentary Credit 议付信用证下单据	☐Please do not made any advance 无须垫款
致：中国银行广州分行	Original Collection Application
TO：BANK OF CHINA GUANGZHOU	Date 18th，May，2020
We hand the under mentioned item for disposal in accordance with the following instructions and subject to the terms and conditions set out overleaf for	兹送上下列文件，请按照下述指示办理，本司并同意遵照背面之条款。
☒ COLLECTION 代收	☒ Please advance against the bill/documents 请予垫款
☐ NEGOTIATION under Documentary Credit 议付信用证下单据	☐ Please do not made any advance 无须垫款
Please mark 请填上下列文件的份数 Number of DOCUMENTS ATTACHED	我司账号 Our A/C No. 87364-752-7251

Draft 汇票	Bill of lading 提单	Airway bill 空运单	Cargo Receipt 货物收据	Invoice 发票		Memo 中旅社承运收据	Cert. of Qual/Quan 品质/数量证明书	Cert.of Origin 产地证明书	Ins Pol/Cert. 保险单/证书	Packing list 装箱单	Weight list 重量单	Bene. Cert. 受益人证明书	Cable Copy 电气副本
				Comm	Cust								
2/2	4/4			2/2			1/1	1/1		1/1			

OTHER DOCUMENTS 其他文件	
DRAWEE 付款人 Good Luck Company，Hong Kong	
ISSUING BANK 开证银行	DOCUMENTARY CREDIT NO. 信用证编号
TENOR 期限 AT SIGHT DRAFT NO./DATE 票号/日期 18th，May	DRAFT AMOUNT 金额 HK＄625 450.00

续图

FOR "BILL NOT UNDER L/C" PLEASE FOLLOW INSTRUCTIONS MARKED "X" 如属非信用证下单据请按下列有X之条办理
Deliver documents against PAYMENT/ACCEPTANCE 付款/承兑交单
☐ acceptance payment may be deferred pending arrival of carrying vessel 货到后方承兑/交款
☐ Collection charges outside Guangzhou for account of Drawee 外埠代收手续费付款人负担
☐ Please collect interest at 5% p. a. from drawee 请向付款人按年息5%计收利息
☒ Please waived interest/charges ☐Do not waive interest/charges 如拒付利息/手续费可免收/不可免收 if refuse in the event of dishonor 如付款人拒绝承兑或付款
☐ Please warehouse and insure goods for our account 请将各货物入仓投足保险，各项费用由我司负责
☒ Please do not protest ☐ Protest 请不须/拒绝承兑/付款证书
☒ Advise dishonor by ☐ Airmail X cable 若未兑付请以航邮/电报通知
☒ In case of need refer to A Training Co., Hong Kong Who will assist you to obtain acceptance/payment but who has no authority to amend the terms of the bill 该司会协助贵行取得承兑/付款但无权更改任何条款
☒ Designated Collecting Bank (S)：指定代收银行 Standard Chartered Bank Ltd., Hong Kong
PAYMENT INSTRUCTIONS 请将款项收我司账号 ☒ Please credit proceeds to our A/C No. 87364-752-9251 其他 Others
OTHER INSTRUCTIONS 其他指示 如有查询，请洽我司。In case of any questions, please contact our Mr /Miss 王江 Tel No. 35678765
For: Guangzhou Arts & Craft Imp. & Exp. Company ______________________ Authorized Signature (s) 负责人签字

图3-10 跟单托收委托书

（二）跟单托收指示

中国银行广州分行根据Guangdong Arts & Craft Imp.& Exp.Company提交的跟单托收委托书，于2020年5月20日缮制并向代收行Standard Chartered Bank Ltd., Hong Kong邮寄跟单托收指示（图3-11）。

（1）委托人公司名称、账号	
（2）付款人公司名称	
（3）指定代收行	
（4）托收金额、付款期限	
（5）托收票据种类、份数	
（6）银行费用由哪方支付？	
（7）交单条件	
（8）利息支付情况	
（9）拒付时是否需发出退票通知书？	
（10）拒付时是否需出具拒绝证书？	
（11）需要时的代理人及作用是什么？	
（12）托收行邮寄单据遗失时，是否需要承担责任？	

中国银行
Bank of China
Office:
Address:
SWIFT/Telex:

Document Collection Order

ORIGINAL

Date:
Please always quote OurRef No.: cuHPBK04401

Our Ref No.________

Dear Sirs.

We enclose the following documents for collection:

To（Collecting Bank）:	Drawer:
Drawee:	Amount:
Invoice No. : FG898765-21	Due Date / Tenor:
Goods: From To	
By par On	

Documents	Draft	Invoice	B/L	Ins. Policy/Cent.	W/M	C/O			
1st									
2nd									

Please follow instructions marked "X":

☐ Deliver documents against payment/acceptance.

☐ Remit the proceeds by airmail/cable.

☐ Animail /cable advice of payment/ acceptance.

☐ Collect charges outside________ from drawer/drawee.

☐ Collect interest for delay in payment ________days after sight at______% P. A.

☐ Airmail /cable advice of non-payment/non-acceptance with reasons.

☐ Protest for non-payment/non-acceptance .

☐ Protest waived.

☐ When accepted, please advise us giving due date.

☐ When collected, please credit our account with_________ .

☐ Please collect and remit proceeds to__________ Bank for credit our account with them under their advice to us.

☐ Please collect proceeds and authorize us by airmail/cable to debt your account with us.

Special Instructions

This collection is subject to
Uniform Rules for Collection
(1995 Revision) ICC Publication No. 522

For Bank of China

____

Authorized Signature (s)

图3-11 跟单托收指示

（三）审核

2020年9月30日，中国银行广州分行收到汇丰银行香港分行邮寄的跟单托收委托书和跟单汇票一套（图3-12），托收行根据所给问题审核托收指示。

中国汇丰银行 香港分行

Hong Kong and Shanghai Banking Corp. Ltd. Hong Kong Branch

ORIGINAL

In all correspondence

Please always quote　　OUR REF 384CC-28975　　Date:

敬启者

Dear Sirs　　致 TO

兹奉下列票据，请即收我册。

We have pleasure in following cheque / draft for payment / collection

票据号码 Original No.	付款人 Drawn on	出票人 Drawer	金额 Amount
TOTAL AMOUNT			

Please follow instructions below(marked X):

☐Credit the proceeds immediately under usual reserves.

☐Collections subject to final payment Not under usual reserves.

☐CREDIT the proceeds(less your charges if any)to our US Dollar amount with you under authenticated telex/SWIFT advice to us quoting our Ref No.

☐REMIT the proceeds(less your charges if any)to our amount with______via CHIPS______under their authenticated telex/SWIFT advice to______Quoting our Ref No.

☐IF unpaid please cable advise us and return the same cheque / draft to us by registered airmail with reason(s) of nonpayment.

☐Please acknowledge receipt.

Unless otherwise expressly stated herein is subject to the "UNIFORM RULES FOR COLLECTION" -I.C.C. BROCHURE522.

For: BANK OF CHINA GUANGZHOU

____

Authorized Signature（s）

中国汇丰银行 香港分行
Hong Kong and Shanghai Banking Corp. Ltd. Hong Kong Branch
Tlx:
Tel:
Fax:

Documentary Collection Order

ORIGNAL

In all correspondence
Pleas always quote

OUR REF 180C-09877

Date 29th, Sept., 2020

TO: Bank of China Guangzhou

Dear Sirs,

We enclose the following documents for collection:

Drawer: ARRON FERER & SONS CO. 909 ABBOTT DRIVE OMAHA NEBRASKA 68102	Drawer's No.	Due Date/Tenor	Amount
Drawee: GUANGDONG PROVINCIAL IMP. & EXP. CORP.	N25-92X818	35days sight	USD66 120.00

Docu. Sent by	draft	Invoice		Trspt Docu.		Ins. Pol/ Cert.	Cert Qly/ Qty	Pkg. Wgt.List	C/O Form A.	Bene' sCert		
		Comm	Cust	Neg.	N/N							
1st	1/2	2/3		3/3	1	2/2			2/2			
2nd	1/2	1/3										
Other Document Inspection Cert. 2/2												
Covering Shipment of : % 57 MT ZINC OXIDE 99.7% MIN												

Please follow instructions marked "X"

☒ Deliver documents against ACCEPTANCE.

☒ In case of non-payment and/or non-acceptance please do not protest but advice us by cable stating resons.

☒ In case of a time bill, please advice us by CABLE the date of maturity after acceptance.

☒ All your charges are to be born by DRAWEES.

☐ Collect interest from drawees at________% p.a. from date of draft of payment.

IN SETTLEMENT:

☒ Please remit the proceeds to Bank of America, New York, N.Y. by T/T for credit of our A/C No. 519-90171 with them CHIPS U. I. D. No. 315437 quoting our Ref No. under advice to us.

☐ Credit our account by T/T with A/A No. UID No. under their tested telex advice to quoting our Ref No. and your telex /airmail advice to us.

For: Hong Kong Shanghai Banking Corp. Ltd.
Hong Kong Branch

____

Authorized Signature (s)

图 3-12 跟单托收委托书和跟单汇票

根据以上内容，请填写表 3-4。

表 3-4 跟单托收有关项目

（1）托收行	
（2）代收行	
（3）委托人公司	
（4）付款人公司	
（5）托收金额、付款期限	
（6）单据名称、份数	
（7）寄单次数和份数	
（8）交单条件和代收行的处理	
（9）拒付时代收行的处理	
（10）代收行的费用由谁支付？	
（11）承兑后，代收行是否应将到期日通知托收行？	
（12）代收行如何将收妥款项划入托收行账户？	

三、托收中的拒付

托收行根据代收行发出的退票（拒付）通知书和拒付电文，按其所示内容进行处理。

（一）退票通知书一

退票通知书一如图 3-13 所示。

UNPAID ITEM MEMO 退票通知书 Date 日期______

To 退回 Bank No. 银行号码 Item No. 票据号码 Amount 金额

Returned for reason (s) marked "X" below 退票时请参阅下面画上 X 项目：

	1	Refer to drawer	请与持票人接洽
	2	Not arranged for	未经接洽
	3	Drawn against uncollected funds please present again	托收款项未收到位，请再提示
	4	Account closed	此户已结清
	5	Insufficient funds	存款不足
X	6	Out of date	已经过期
	7	Post dated	票非即期
	8	Payment countermanded by the drawer	此票已经停止支付
	9	Words and figures differ	金额文字与数码不符
	10	Amount in words required /incomplete/illegible	金额文字未写/不全/不清
	11	Alteration requires drawer's fll chop/signature	涂改处需出票人盖注/签字
	12	Drawer's chop/signature differs from specimen in our possession	出票人图章/签字与本行存底不符
	13	Drawer's chop/signature required	出票人未签章/签字
	14	Drawer's chop/signature incomplete	出票人图章/签字不完全
	15	Date incomplete/illegible	出票日期不全/不明
	16	Endorsement irregular/illegible/missing/unknown	背书不妥/不清楚/遗失/不详
	17	No. advice received	未接通知
X	18	Payee's/Banker's endorsement required	未经受款人/贵银行背书
	19		

Bank of China Hong Kong

____

Authorized Signature (s)

图 3-13 退票通知书一

（二）退票通知书二

退票通知书二如图 3-14 所示。

Canadian Imperial Bank of Commerce

Notice of Dishonor

To: YYY Bank

With reference to the captioned item, we wish to inform you that it has remained unaccepted / unpaid for the reason (s) marked "X" Below:

☐ Drawee will accept/pay on arrival of goods.

☐ Drawee states that he is in negotiation with the drawer explaining the reasons for non-payment and / or non-acceptance.

☒ Drawee states that he has not yet obtained from our authorities the license that is necessary for payment/acceptance/withdraw of the goods.

☐ Drawee requests delivery of documents free of payment, since the payment has already been made directly to the drawer.

☐ Please refer to the attached copy of the drawee's/drawee's bank's letter under these circumstance, we shall hold the documents at your disposal pending receipt of your further instructions.

Canadian Imperial Bank of Commerce

图 3-14 退票通知书二

（三）拒付电文一

拒付电文一如图 3-15 所示。

Our Ref: FX REM 7795

Our Ref: 180CC 07135 Date: 16 Sept. 2020

Re: Your cheque sent for

Collection dd 3 Sept. 2001

For HKD383 904.00

Referring to your above mentioned collection, subject cheque was returned unpaid for the reason of "STOP PAYMENT". Please acknowledge receipt by signing and returning the duplicate of this letter to us.

For CHINA CONSTRUCTION Bank

图 3-15 拒付电文一

（四）拒付电文二

拒付电文二如图 3-16 所示。

Re: Your Ref G-01-O-J-20686

Our Bill No. IB180-920535

Drawer: Glory Profit Development Ltd.

We regret to advise you that the drawee refused to pay the bills claiming the following reason:

The goods under the captioned item to be-exported to Hong Kong but Beneficiary's reciprocal L/C not issued, Kindly give Us your instructions for further disposal of documents so as to close our file.

For Midland Bank Ltd, London

图 3-16 拒付电文二

（五）拒付电文三

拒付电文三如图 3-17 所示。

Your Ref G-01-O-J-20686

Our Bill No. IB180-920535 Drawn by Haiyi Textile Imp. & Exp. Co.

As instructed in your telex, we enclose herewith the drafts and documents relating to the captioned collection for your withdrawal closing our records of this item.

As to our handing charges USDXXX being 0.125% commission on bill amount plus postage & cable charges USD XXX Please let us have your check or pay/credit to our account with quoting our Ref No.

Kindly acknowledge receipt by signing and returning to us the attached copy of this Letter.

For Bank of China, New York

图 3-17　拒付电文三

根据以上内容，填写表 3-5。

表 3-5　**退票和拒付有关情况**

拒付 问题	退票通知书一	退票通知书二	拒付电文一	拒付电文二	拒付电文三
拒付理由					
托收行的处理					

第四章

信用证结算业务实验

实验目的

开证申请书填写完整性、准确性的审核。
根据开证申请书正确缮制信用证。
掌握信用证的审证要求。
信用证通知、保兑的处理。
信用证修改的处理流程。
信用证中议付、寄单索偿的处理。
跟单信用证处理流程。
掌握UCP600对信用证业务处理中的规定。

实验要求

正确填制信用证申请书。
熟练阅读信用证内容。
正确判断信用证的类型。
根据合同进行信用证的审核。

第一节 信用证基础知识

一、信用证结算方式概述

（一）信用证的定义

信用证（Letter of Credit，L/C）是指一项约定，无论其如何命名或描述，该约定不可撤销并因此构成开证行对于相符提示予以确定承诺。具体来说，信用证是指开证银行根据开证申请人（进口商）的申请、要求或指示而作出的，在第三方（受益人、出口商）满足信用证要求和向银行提交信用证规定的所有单据的前提下，经银行审单相符，向其开立的、承诺在一定期限内支付一定金额款项的书面保证文件。一般贸易下，如果出口商在觉得出口风险较大，会要求进口商向银行申请开立信用证，由银行作出书面付款承诺，只要出口商能满足有关条件、作出付款承诺的银行就会付款，从而降低了出口商的收款风险。

（二）信用证的主要特点

1.开证行承担第一性的付款责任

信用证是以银行信用为基础的结算方式。银行凭自己的信用向出口商作出付款保证，只要出口商提交了"相符单据"，开证行就必须付款。开证行第一性付款原则意味着即使进口商因破产、倒闭等原因无力偿付开证行或因市场环境变化无利可图而拒绝偿付开证行，开证行仍然必须付款。

2.信用证是一项独立文件

信用证是开证行与出口商之间的一份书面合同。信用证的独立性是指信用证下的付款以"相符交单"为条件，不受其他任何因素的影响。信用证虽然以贸易合同为依据开立，但是一经开立就不再受贸易合同的约束。银行履行信用证下的付款责任仅以出口商满足信用证规定的条件为前提，不受贸易合同争议的影响，也不受申请人与开证行之间关系的影响。

3.信用证业务处理的对象是单据

信用证是单据业务。银行只根据表面上符合信用证条款的单据付款，对单据的准确性、真实性或法律效力不负责任，单据所代表的货物的质量也不是银行关心的问题。如果信用证下的货物存在质量问题，进口商可以根据贸易合同向出口商提出索赔，只要是"相符交单"，开证行就必须付款。

（三）信用证业务的契约关系

信用证当事人除因参与信用证业务而享有权利并需承担义务外，还不可避免地要与其他当事人产生错综复杂的单边或多边关系。

（四）信用证的形式

根据信用证开立方式和记载内容的不同，可以将其分为信开本信用证和电开本信用证。

（五）信用证的作用

信用证是一种银行对出口人的有条件的付款承诺。对出口人来说，其取得了银行信用，只要做到与信用证规定相符，"单单一致，单证一致"，银行就保证支付货款。对进口商来说，它可以通过信用证上所列条款的要求，在一定程度上确保出口人按时、按量交付货物。对银行来说，开证行只承担保证付款的责任，它贷出的只是信用而非资金，在对出口人或议付行交来的跟单汇票偿付前已经掌握了代表货物的单据，加上开证申请人的押金，也无多大风险。正因为使用信用证对有关当事人都有利，信用证才在国际贸易中广泛使用。

二、信用证项下主要当事人的权利和义务

要完成一笔信用证业务，除开证行与受益人外，还涉及与此有关的其他关系人，如开证申请人、通知行、议付行、保兑行、付款行或偿付行等。这些当事人和关系人在信用证业务中所享有的权利和所承担的义务不尽相同。

（一）开证申请人

开证申请人是国际贸易中的进口商（Importer），又被称为开证人（Opener）、付款人（Accountee）或委托人（Principal），是向开证行申请开立信用证的当事人。当进出口双方在贸易合同中确定采用信用证结算方式时，进口商必须在合同规定的期限内到其往来银行申请开立信用证。

（二）开证行

开证行（Issuing Bank）是根据进口商的申请开立信用证的银行，一般是进口地银行。它是信用证项下的第一付款人，是信用证业务的核心。开证行也要受多个合同的约束，首先，它接受申请人的请求后，必须按申请书开立信用证；其次，它必须向受益人承担相符单据的付款保证责任。若为议付信用证，它必须承担偿付议付行的责任。

（三）通知行

通知行（Advising Bank）是指应开证行要求发出信用证通知的银行，一般是开证行的代理行或分支机构。与以往的国际惯例相比，UCP600关于通知行的义务有所增加。

（四）转递行

信用证转递行（Transmitting Bank）受开证行委托，将信用证原件照转给受益人的银行。通常为开证行在出口地的代理行或分支行。一般只是在信开信用证情况下，才有转递行，这是转递行与通知行的不同之处。转递行只限于及时、准确地转递信用证并合理谨慎地核验信用证的表面真实性。

（五）受益人

受益人（Beneficiary）是指信用证中受益的一方，一般为出口商，是享受信用证权利的人以及信用证的最大受益者。它要与申请人、开证行、通知行，也可能与保兑行、议付行等发生联系。

（六）议付行

在信用证的各种偿付方式中，议付是最常见的一种。议付行（Negotiating Bank）是应开证行的邀请，对受益人提交的单据进行审核，若经审核认为符合信用证条款则应对受益人预付或同意预付款项，购买汇票及/或单据，并向开证行或信用证规定的付款行索偿的银行。一般情况下，议付行由通知行兼任或由受益人所在地的往来银行充当。

（七）承兑行

承兑行（Accepting Bank），是对信用证项下受益人所签发的远期汇票予以承兑，并在到期日付款的银行。在远期承兑信用证项下，承兑行可以是开证行本身，也可以是信用证所指定的其他银行，如在信用证货币的清算中心，或开证行在出口地的分支机构或联行，以便开证行顺利进行付款或清算。

（八）付款行

付款行（Paying Bank）是开证行的付款代理人，是开证行在信用证中指定的信用证项下汇票的付款人或付款信用证下执行付款的另一家银行。开证行通常委托通知行为付款行，但有时也可委托其他银行为付款行。付款行和开证行的关系是代理合同关系，付款行本身并未作出付款承诺，所以在开证行资信极差、付款后可能得不到偿付时，有权拒绝付款。付款行一经接受开证行的付款委托，审单付款后不得向受益人追索，即付款后无追索权，它只能向开证行索偿。

（九）偿付行

偿付行（Reimbursing Bank）是开证行指定的对议付行或付款行进行偿付的代理人（Reimbursing Agent）。一般当开证行与议付行之间无账户关系时，特别在信用证采用第三国货币结算时，为了便利结算，开证行委托另一家有账户关系的银行代向议付行偿付，被委托银行就是偿付行，偿付行再向开证行索偿。

（十）保兑行

保兑行（Confirming Bank）是应开证行的要求，在信用证上加具保证兑付承诺的银行。一般情况下，保兑行由通知行兼任。保兑是一种不可撤销的确定承诺。UCP600第8条规定，被邀请保兑的银行有权不加具保兑，但是若决定不接受开证行授权或要求对信用证加具保兑时，它必须立即通知开证行，不得延误。

三、信用证的流转程序

（一）出口商签订国际贸易合同

尽管信用证一旦开立就不受合同的约束，但信用证开立的依据是合同，因此信用证业务项下，买卖双方必须首先签订书面的贸易合同，用于确定本次贸易货物的名称、数量、规格等有关要求。开立信用证时要确定信用证的种类、金额、付款期限、到期日、开证日期等，并对拟将开立的信用证提出有关要求等。

（二）开证申请人申请开立信用证

进口商在与出口商签订买卖合同后，应根据合同条款，在合同规定的期限，向银行申请开立信用证。开证银行一般是进口商往来行，或对其资信比较了解的银行，它应和出口地的银行有一定的代理或往来关系。

（三）开证行开出信用证

1.开证前的审查和检验

开证行根据开证申请人的申请，审核信用证的条款，并根据信用证的条款要求行事、缮制单据，并在交单前仔细审核需要提交的单据是否符合信用证对单据的规定。在审核没有不符之处后，交单议付，并最终根据开证申请书的内容开立信用证。

2.开证方式

开证方式主要包括通过保函和备用信用证两种方式，即使客户缺乏完善的关系，也可信心十足地开展业务。

（四）通知行向受益人通知信用证

1.通知或转递信用证

信用证是以通知行为收件人时，通知行收到信用证且核对密押或印鉴无误后，可以按自己的通知书格式照录全文，通知受益人。办理该业务的银行就是通知行。一般电开信用证均需通知行通知信用证。若信用证以受益人为收件人，寄给出口地银行后，银行核对印鉴无误后，即可将原证件照转给受益人。办理该业务的银行被称为转递行。

2.通知加具保兑

若通知信用证时要求对信用证加具保兑，这时开证行通常会邀约通知行对信用证加具保兑。因此，保兑行通常是通知行或者其他信誉卓著的银行。由于保兑行在信用证项下责任同开证行，因此被邀约加具保兑的银行应该注意风险。比如，只对不可撤销信用证加具保兑、只对资信较好的开证行开立的信用证加具保兑、只对信用证中未出现对受益人收款不利条款的信用证加具保兑等。

（五）受益人审证

受益人审证是信用证业务重要的环节，关系到受益人能否提供与信用证相符的单据、顺利收回货款、能否履行贸易合同项下的义务。信用证与贸易合同既相互独立又统一存在。为了保证受益人（出口商）同时完成信用证以及贸易合同项下的义务，受益人在接受信用证时，必须严格根据合同审证，消除信用证交单时的潜在风险。

（六）受益人交单

受益人的交单情况关系到其能否获得货款，因而，它应在信用证规定的有效期内将单据交到指定的银行（即有效地点）。UCP600规定，所有信用证均须规定有效日期，受益人必须于有效期或有效期之前以及信用证所规定的交单期限内交单。只有在这两个时间内将与信用证相符的单据交付指定银行，受益人才算完成信用证项下的义务，才能取得支取信用证金额的权利。

（七）出口地银行审单付款

1.银行审单

出口地银行应对受益人提交的单据进行审核。银行必须合理、小心地审核一切单据，以确定其表面是否符合信用证条款和条件的要求，确定信用证规定的单据表面上符合信用证条款要求的依据是根据UCP600条文所述的国际标准银行惯例，即单证相符、单单一致。

2.指定出口地银行向受益人付款、议付或者承兑

根据开证申请书，信用证项下的支付可以是付款、议付或者承兑。与之相对应的银行即为付款行、议付行或者承兑行。

（八）付款行或垫付行寄单索偿

付款行或垫付行向受益人垫款后，应按照信用证上要求的时间和路线寄单并索偿。若结算货币既不是进口地又不是出口地的货币，信用证常常规定向第三国的某家银行索偿，即指定偿付行，则付款行或垫付行应一方面向开证行寄单，一方面直接向偿付行索偿。

（九）开证行审单付款

开证行收到议付行寄来的单据，应当根据信用证条款全面审核单据与信用证之间、单据与单据之间是否相符。单证相符，即可将款项偿付议付行；单证不符，如装运期超出信用证的规定、货运单据不清洁等，则开证行有权拒绝接受不符单据，并拒绝偿付。开证行拒付后，若申请人提出接受单据，则开证行应先征询寄单行的意见，待其同意后，才可将单据交给申请人。

（十）开证行通知开证人备款赎单

开证行接受单据并偿付后，应当立即通知申请人付款赎单，以便申请人做好付款赎单的准备和开证行尽快收回垫款。

（十一）开证申请人凭单提货

申请人付款赎单后，取得单据，可凭此报关提货。若所提的货物与单据不符，则对开证行不能提出索赔要求，因为信用证业务的对象是单据而不是货物，信用证对申请人担保可获得与信用证相符的单据，而不是单货相符的货物。申请人对因此而遭受的损失，只能向责任方即受益人、运输公司或保险公司索赔。

四、信用证的形式和种类

根据信用证的开立方式，信用证可以分为信开信用证和电开信用证。

（一）信开信用证

信开信用证是银行以信函形式开立的信用证。信用证开出后以航空挂号信寄给通知行，一般是正副本各一份。这是一种传统的开立信用证的方式。信开信用证上必须有开证行有权签字人的签字，通知行收到信开信用证后必须根据和开证行建立代理行关系时预留的签字样本核对签字，以确定信用证的表面真实性。

（二）电开信用证

电开信用证是银行以加押电传、电报或SWIFT形式开立的信用证。电开信用证又分为简电和全电两种。

简电开证（Brief Cable / Pre-Advice）是开证行将信用证金额、装效期、开证申请人和受益人等主要内容以简电的形式通过通知行预先通知受益人，以便赶上合同

规定的开证期限或让受益人早日备货。电文中一般注明"随寄证实书"（Mail Confirmation to Follow）或"详情后告"（Full Details to Follow）等字样，随后银行将信开信用证或简电证实书寄出。简电不是信用证的有效文本，受益人不能以此作为向银行交单和收款的依据，只有证实书才是受益人交单议付的有效文本。

全电开证（Full Cable）是开证行以电讯方式开立的内容完整的信用证。全电一般是信用证的有效文本，有时电文中会特别注明"This is the operative instrument."（这是信用证的有效文本），但如果电文中注明"Mail Confirmation to Follow."（随寄证实书），则应以邮寄证实书为准。

第二节 信用证业务实验原理

信用证的业务流程因类型不同而有一定的区别，但流程中的基本环节一般都包括申请开证、开证、通知、交单、付款和赎单等，如图4-1所示。这些环节可以先通过国际贸易中常用的即期议付信用证通常的业务流程来获得一定的了解。

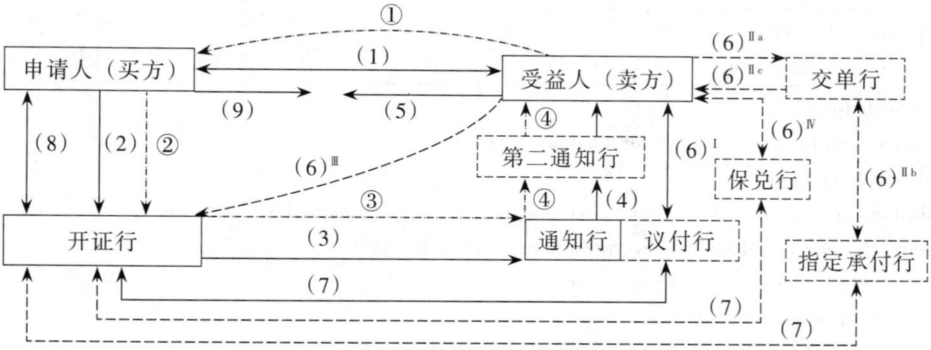

图4-1 信用证一般业务流程

一、建立买卖合同

尽管信用证是独立于合同的自足文件，但是买卖合同是信用证开立的基础。合同是买卖双方磋商建立的，如果合同规定用信用证方式支付，合同中的支付条款应该明确买方开证或到证的时间、信用证种类、到期日及到期地点和交单期等。如有必要，还可以明确开证行、受益人和信用证金额，也可以指定通知行等。买方应按照合同条款及时申请开立信用证。

二、申请开证

一般买方在申请开证前应该先落实应付外汇额度。如有必要，需要落实进口配额或进口许可证。

三、开立信用证

开证行如接受申请，即按照开证申请书（图4-2）的要求开立信用证。

<table>
<tr><td colspan="3">APPLICATION FOR IRREVOCABLE DOCUMENTARY CREDIT
XYZ INTERNATIONAL BANK, LTD.　　Mark “x” in appropriate boxes</td></tr>
<tr><td colspan="2">18 Part Steet, Singapore</td><td>Date of application　Credit No.</td></tr>
<tr><td colspan="2">Please issue□by full telex□by airmail
□with brief telex advice</td><td>Date and place of expiry</td></tr>
<tr><td colspan="2">Applicant (name and address)</td><td>Beneficiary (name and address)</td></tr>
<tr><td colspan="2">Advising bank</td><td>Amount in figures and words</td></tr>
<tr><td colspan="2">Confirmation of the Crediton
□not requested□requested</td><td rowspan="4">Credit available with Nominated Bank:
□by payment at sight
□by deterred payment at
□by acceptance of drafts at
□by negotiation
Against the documents detailed herein
□and Beneficiary's draft (s) drawn on:</td></tr>
<tr><td colspan="2">□Insurance covered by us</td></tr>
<tr><td>Partial shipments
□Allowed□Not allowed</td><td>Transhipment
□Allowed□Not allowed</td></tr>
<tr><td colspan="2">Despatched/Shipped from:
To　　　　latest on</td></tr>
<tr><td colspan="3">Documents required
□Commercial Invoice　signed original and　copies.
Transport Document:
□Multimodal Transport Document, covering at least two different modes of transport
□Marine/Ocean Bill of Lading covering a port-to-port shipment
□Air Waybill, original for the consignor
□Other transport document
□to the order of
□endorsed in blank
□marked freight □prepaid □ to collect
□notify:
Insurance Document:
□Policy□Certificate□Declaration under open cover, Covering the following risks:
Other Documents
Evidencing shipment of
price terms
Special terms and conditions</td></tr>
<tr><td colspan="3">Documents to be presented within days after the shipment but within the validity of the credit</td></tr>
<tr><td colspan="3">It is understood that this letter of credit issued by you at our request is subject to the terms and conditions of the Agreement of Pledge signed by us with you and the Uniform Customs and Practice for Documentary Credit (2007 Revision), ICC Publication No. 600.
Chop and authorized signature of the applicant</td></tr>
</table>

图4-2　信用证开证申请书

四、通知信用证

通知行应该是开证行的联行或往来行，它应该拥有开证行授权人的签字及印章样本和数字签名规则以及开证行的密押规则，以此，它可以审核信用证的表面真伪。如果通知行无法鉴别信用证的表面真实性，它必须立即告知开证行；如果它仍决定通知受益人，它必须如实相告。如不特别说明，通知行通知信用证（图4-3）或其修改通知书（图4-4）的行为即表明它已经确认信用证或其修改通知书的表面真实性。

中国银行
BANK OF CHINA

SHANGHAI BRANCH

信用证通知书

Notification of Documentary Credit

ADDRESS:
CABLE:
TELEX:
SWIFT: BKCHCNBJ300
FAX:

To:	WHEN CORR ESPONDING PLEASE QUOTE OUR REF. NO. (DD/MM/YY)
Issuing Bank 开证行	transmitted to us through: 转递行
L/C No. 信用证号　　Dated 开证日期	Amount 金额

Dear Sirs, 敬启者
We have pleasure in advising you that we have received from the a/m bank a (n)
兹通知贵司，我行收自上述银行
( ) telex issuing 电传开立　　( ) uneffective 未生效
( ) pre-advising of 预先通知　　( ) mail confirmation of 证明
( ) original 正本　　( ) duplicate 副本
letter of credit, contents of which are as per attached sheet (s).
This advice and the attached sheet (s) must accompany the relative documents when presented for negotiation.
信用证一份，现随附通知。贵司交单时，请将本通知书及信用证一并提示。
( ) Please note that this advice does not constitute our confirmation of the above L/C nor does it convey any engagement or obligation on our part.
本通知书不构成我行对此信用证之保兑及其他任何责任。
( ) Please note that we have added our confirmation to the above L/C, presentation is restricted to ourselves Only.
上述信用证已由我行加具保兑，并限向我行交单。

Remarks: 备注:
This L/C consists of sheet (s), including the covering letter and attachment (s).
本信用证连同面函及附件共　纸。
If you find any terms and conditions in the L/C which you are unable to comply with and/or any error (s), it is suggested that you contact applicant directly for necessary amendment (s) so as to avoid any difficulties which may arise when documents are presented.
如本信用证中有无法办到的条款及/或错误，请径直与开证申请人联系进行必要的修改，以排除交单时可能发生的问题。

Yours faithfully
For BANK OF CHINA

图4-3　信用证通知书

August 20，2019 Content Of SWIFT message as below.   Non-negotiable Copy

SWIFT TAG RAW DATA

1 DCl5054100DC8 090819 6081100 ABCBKHKHHAXXX ABC BANK HONG KONG 707
090819 090819 063812 SJIBAJOAMXXXIRVTCNSH 00299330150014OUT30

2 20 20/2019/604M

3 21 L/C DEPT

4 31C 090805

5 30D 090819

6 26E 01

7 59 SHANGHAI DONGXU IMPORT / EXPORT COMPANY
1 23 DONGXU ROAD，SHANGHAI，CHINA

8 31E 091130

9 44C 091110

10 79 1-UNDER FIELD（59）BEFICIARY´S NAME&ADDRESS AMEND T0 READ:
SHANGHAI D（ ）NGXIJ IMPORT / EXPORT COMPANY
123 DONGXU ROAD.SHANGHAI. CHINA
2-UNDER FIELD（47A）ADDITIONAL CONDITIONS ITEM
NO.（3 AND 4）ARE DELETED.
3-UNDER FIELD（45A）FOR TERMS OF PRICE TO DELETE：
‘CFR HONG KONG’ AND TO INSERT:
‘CIP HONG KONG’

11 72 +ALL OTHER TERMS AND CONDITIONS IN THE ORIGINAL L/C
REMAIN UNCHANGED
+PLS CONFIRM TO US BENEF´S AND YR
ACCEPTANCE OF THIS AMENDMENT BY SWIFT
+BENCON

注：代号72下是发电文的银行给接收电文银行的指示，其中可以涉及三个代码：
BENCON，要求接收电文的银行告知受益人是接受还是不接受更改；
PHONBEN，要求接受电文的银行电话联系通知受益人；
TELEBEN，要求该行用最有效的电讯方式通知受益人。

图4-4 信用证更改通知书

五、审证和装运

尽管国内通知行在通知信用证前通常为客户初步审核信用证，如发现不妥，往往会附上加盖“如不同意，请修改”之类提示章的信用证复印本，以提醒客户。但这种审核一般只是偏重于常规的信用证操作问题，而且通知行并不为此承担责任。受益人收到信用证后，一方面应认真研究通知行的审核意见，另一方面仍必须对照合同以及业务操作的具体要求仔细审核信用证。

六、制单、交单议付或承付

受益人装运后应该及时缮制、备齐信用证下所需单据，当然，某些单据在装运前已经制好或已经获取。议付通知书如图4-5所示。

Application for Negotiation

To: ______________________ No.: __________

Address: ______________________ Date: __________

Dear Sirs,

We send you herewith for negotiation our drafts No. ______________

For ______ drawn under Letter of Credit No. __________ issued

by __________

Accompanied by the following documents:

( ) Invoice ______________	( ) Packing List __________
( ) Insurance Policy __________	( ) Consular Invoice __________
( ) Bill of Lading ____________	( ) Custorm Invoice __________
( ) Certificate of Origin ________	( ) Import Licence __________
( ) Certificate of Inspection _____	( ) Letter of Transfer __________

Other documents

In consideration of your negotiation of the above mentioned documentary draft (s), we undertake to hold you harmless and indemnified against any discrepancy which may cause non-payment or non-acceptance of the said draft (s), and we shall refund you in original currency the whole or part of the draft (s) amount with interest or expenses that may be accrued or incurred in connection with the above negotiation upon receipt of your notice to that effect.

In consideration of your SO doing we hereby agree to accept above mentioned terms and conditions.

In case of queries, Please contact __________

Authorized Signature and Chop

Address ______________

Telephone ______________

Telex No. ______________

图4-5 议付通知书

七、寄单、索偿和付款

虽然UCP并没有给出指定银行的寄单时限，议付行或指定的承付行审核单据并且议付或承付后，应及时将单据按信用证指示寄给开证行，以索偿行的身份向其索偿。对于付款信用证或承兑信用证，信用证中也可能不另行指定承付行，因为开证行本身就是信用证下负第一性付款责任的银行，这时单据（通常需要经交单行）应该寄给开证行。

八、申请人付款赎单

如单据无误，申请人必须付清货款以及有关费用，以赎取单据，申请人和开证行在信用证下的契约关系至此终止。如确属受益人交单不符并且事先未做过放弃不符点承诺，申请人有权拒付。

九、提货

申请人获取单据后，货到以后即可凭正本运输单据办理提货手续。不过应注意，如果涉及的是航空运输单据之类的非物权单据，并且如果运输单据被做成申请人抬头，申请人可能在付款赎单之前已经提取货物。同样，如果涉及的是“空白（指示）抬头，空白背书”的提单之类的物权单据，并且信用证要求将其中一份正本在装运后直接寄给申请人，申请人收到受益人按此寄来的单据，即可在向开证行付款赎单前提取货物。

第三节 信用证业务实验内容与步骤

一、阅读信用证内容

（一）判断信用证的类型

表4-1中，根据提供的信用证信息，判断信用证的类型。

表4-1 信用证有关信息

信　　息	信用证类型
1. We hereby confirm the above mentioned Credit and undertake to honor the drafts drawn in compliance with the terms and conditions of the credit	
2. Draft at sight for 100% Invoice value	
3. Available with Issuing Bank by sight payment	
4. Usance draft shall be negotiated at sight basis. Discounting commissions and charges are for buyer's account	
5. Available with Issuing Bank by deferred payment	
6. The usance draft are payable on sight basis. We are authorized to pay the face amount of your draft upon presentation, and discount charge is for account of the applicant	
7. Draft at: 90 days after sight for acceptance	

续表

信　　息	信用证类型
8. Available with Advising Bank by negotiation	
9. Available with any bank in beneficiary country by negotiation.	
10. This credit is transferable only to a second beneficiary in your country	
11. This credit shall not be available/operative/effective in force unless and until the reciprocal credit in favor of ... for account of ... is established by__bank	
12. This is a reciprocal credit against united Overseas Bank Ltd Singapore Credit No. CMLC1234 favoring Jinbo Engineering & Trading Co. issued by Development Bank Guangzhou Branch	
13. Beneficiary may draw in advance under this credit by his sight draft for amount up to 100% of the credit amount accompanied by his under taking to the effect of shipment within the validity of the credit and to provided documents in terms of the credit	
14. The amount of drawing paid under this credit become available to you again upon your receiving from us advice to this effect	
15. The amount paid under this credit are again available to you automatically until the total of the payment reaches USD 600 000	
16. 30 days after a draft has been negotiated under this credit, the credit reverts to its original amounts of USD 100 000 unless otherwise notified	
17. This credit is revolving at USD 50 000 covering shipment of— per calendar month cumulative operation from April 2012 to September 2012 inclusive up to a total of USD 300 000	
18. Drawings under this credit are limited to USD 1 000 000 in any calendar month...	
19. Payment under this credit is to be made upon receipt of the cover or the notice of acceptance from the issuing bank of the master credit	
20. This credit shall become operative only upon our receipt from — of the relative documents as requested by the master Credit No.... dated— and made out in compliance with terms thereof	

（二）回答问题

阅读信用证，根据该证的内容回答英文问题。

FROM：ABC BANK IJD CHICAGO，USA

TO：ADVISING BANK SHANGHAI，CHINA

DATE 30 MARCH

OUR DOCUMENTARY CREDIT REFERENCE NO. 1234

TEST NO. 4321 FOR USD 2050000 DATED 30 MARCH

WITH 0UR HEAD OFFICE

WE OPEN OUR DIVISIBLE, FRACTIONABLE DOCUMENTARY CREDIT ´NO. 1234

ORDER ACCOUNT OF：ABBOTT COMPANY，CHICAGO，USA

FAVOUR：SHANGHAI MILK ENTERPRISE COMPANY，SHANGHAI CHINA

FOR THE AMOUNT 0F USD 2 050 000.00 （TWO MILLION AND FIFTY THOUSAND AND 00 / 100 UNITED STATES DOLLARS）

COVERING SHIPMENT OF

1 200 MT. MILK POWDER CFR SHANGHAI

SHIPMENT FROM ANY PORT SOMEWHERE TO ANY PORT ANYWHERE

TRANSHIPMENT ALLOWED PART SHIPMEN’ IS ALLOWED

VALID FOR NEGOTIATION AT THE COUNTERS OF THE CONFIRMING BANK UNTIL 21 July

SHIPMENT TO BE EFFECTED AS FOLLOWS：

1ST SHIPMENT FOR 600 MT. ON OR ABOUT 27 APRIL

2ND SHIPMENT FOR 600 MT. TO BE EFFECTED BETWEEN 01 AND 31 MAY BOTH END DATES TO BEINCLUSIVE.

AVAILABLE FOR NEGOTIATION OF DRAFTS AT 60 DAYS SIGHT DRAWN ON ABC BANK LTD CHICAGO，USA ACCOMPANIED BY THE FOLLOWING DOCUMENTS：

1.SIGNED COMMERCIAL INVOICE IN TRIPLICATE.

2.FULL SET CLEAN SHIPPED ON BOARD BILLS OF LADING CONSIGNED TO ORDER OF XYZ BANK LTD MARKED FREIGHT PAID AND NOTIFY THE ACCOUNTEE.

3.QUALITY CERTIFICATE ISSUED BY A COMPETENT AUTHORITY.

4. COPY OF FAX SENT TO ACCOUNTEE ADVISING SHIPMENT DETAILS, SHIPMENT DATE，INVOICE VALUE AND DOCUMENTARY CREDITNUMBER WITHIN FIVE DAYS OF SHIPMENT.

5.PACKING LIST.

SPECIAL INSTRUCTIONS

1. ALL BANK CHARGES OUTSIDE AMERICA INCLUDING REIMBURSEMENT CHARCES ARE FOR ACCOUNT OF SHANGHAI MILK ENTERPRISE COMPANY.

2.PLEASE ADVISE THE BENEFICIARY ADDING YOUR CONFIRMATION.

3. CLAIM REIMBURSEMENT FROM OUR ACCOUNT WITH OUR NEW YORK OFFICE AT MATURITY FOR DOCUMENTS PRESENTED IN STRICT COMPLAINCE WITH THE TERMS AND CONDITIONS OF THIS DOCUMENTARY CREDIT.

4.THIS DOCUMENTARY CRED~IS SUBJECT TO THE UNWORM CUSTOMS AND PRACTICE FOR DOCUMENTARY CREDITS (1993 REVISION) INTERNATIONAL CHAMBER OF COMMERCE (PUBLICATION NO.500)

(1) The documentary credit should be advised as:

A.Revocable　　B.Irrevocable

C.Revocable Transferable　　D.Irrevocable Transferable

(2) All of the following documentary credit terms and conditions under UCP may be disregarded except:

A.divisible　　B.fractionable

C.adding your confirmation　　D.issued by a competent authority

(3) Which of the following Bill of Lading "shipped on board" dates would be acceptable for the first shipment?

①17 April　②20 April　③25 April　④02 May

A.③only　　B.③and ④only

C.②, ③and ④only　　D.①, ②, ③, and④

(4) Under the terms of the documentary credit, your bank may accept Quality Certificate issued by:

①Applicant　　②Beneficiary

③third party manufacturer　　④third party inspection company

A. ① and ② only　　B. ②and ③ only

C. ①, ② and ④ only　　D. ①, ③ and ④ only

(5) Before confirming the documentary credit, your bank should obtain and amendment to the following terms and conditions?

A. drawee party　　B. shipment period

C. presentation period　　D. form of documentary credit

二、出口信用证业务

(一) 根据合同审核信用证

SALES CONTRACT

BUYER: JAE & SONS PAPERS COMPANY　　NO. ST05 -016

203 LODIA HOTEL OFFICE 1546, DONG - GU, DATE: AUGUST 08, 2020
BUSAN, KOREA SIGNED AT: NANJING, CHINA

SELLER: WONDER INTERNATIONAL COMPANY LIMITED
No. 529, Qijiang Road He Dong District, Nanjing, China

This Contract is made by the Seller; whereby the Buyers agree to buy and the Seller agrees to sell the under-mentioned commodity according to the terms and conditions stipulated below:

1. COMMODITY: UNBLEACHED KRAET LINEBOARD.
UNIT PRICE: USD 390. 00/PER METRIC TON, CFR BUSAN KOREA
TOTAL QUANTITY: 100 METRIC TONS, ±10% ARE ALLOWED.
PAYMENT TERM: BY IRREVOCABLE L/C 90 DAYS AFTER B/L DATE

2. TOTAL VALUE: USD 39 000.00 (SAY U. S. DOLLARS THIRTY NINE THOUSAND ONLY. *** 10% MORE OR LESS ALLOWED.)

3. PACKING: To be packed in strong wooden case (s), suitable for long distance ocean transportation.

4. SHIIPPING MARK: The Seller shall mark each package with fadeless paint the package number, gross weight measurement and the wording: “KEEP AWAY FROM MOUSTURE”, “HANDLE WITH CARE”, etc. and the shipping mark: ST05 - O16/ BUSAN KOREA.

5. TIME OF SHIPMENT: BEFORE OCTOBER 02, 2020

6. PORT OF SHIPMENT: MAIN PORTS OF CHINA

7. PORT OF DESTINATION: BUSAN, KOREA

8. INSURANCE: To be covered by the Buyer after shipment (F. O. B Terms)

9. DOCUMENT:

+ Signed invoice indicating LC No and Contract No.

+ Full set (3/3) of clean on board ocean Bill of Lading marked “Freight to Collect” / “Freight Prepaid”
made out to order blank endorsed notifying the applicant.

+ Packing List/Weight List indicating quantity/gross and net weight.

+ Certificate of Origin.

+ No solid wood packing certificate issued by manufacturer.

10. OTHER CONDIGTIONS REQD IN LC:

+ All banking charges outside the opening bank are for beneficiary’s a/c.

+ Do not mention any shipping marks in your L/C.

+ Partial and transshipment allowed.

11. REMARKS: The last date of L/C opening: 20 August, 2020.

BANK OF KOREA LIMITED, BUSAN
SEQUENCE OF TOTAL *27: 1/1
FORM OF DOC. CREDIT *40A: IRREVOCABLE
DOC. CREDIT NUMBER *20: S100 - 108085
DATE OF ISSUE 31C: 20200825
EXPIRY *31D: DATE 20201001 PLACE APPLICANT'S COUNTRY
APPLICANT *50: JAE & SONS PAPERS COMPANY
203 LODIA HOTEL OFFICE 1564,
DONG-GU, BUSAN, KOREA
BENEFICIARY *59: WONDER INTERNATIONAL COMPANY LIMITED
NO. 529, QIJIANG ROAD HE DONG DISTRICT,
NANNING, CHINA
AMOUNT *32B: CURRENCY HKD AMOUNT 39 000. 00
AVAILABLE WITH/BY *41D: ANY BANK IN CHINA BY NEGOTIATION
DRAYFS AT... 42C: DRAFT AT 90 DAYS AT SIGHT
FOR FULL INVOICE COST
DRAWEE 42A: BANK OF KOREA LIMITED, BUSAN
PARTIAL SHIPMENTS 43P: NOT ALLOWED
TRANSSHIPMENT 43T: NOT ALLOWED
LOADING IN CHARGE 44 A: MAIN PORTS OF CHINA
FOR TRANSPORT TO... 44 B: MAIN PORTS OF KOREA
LATEST DATE OF SHIP. 44C: 20201031
DESCRIPT. OF GOODS 45 A:
+ COMMODITY: UNBLEACHED KRAET LINEBOARD.
U/P: HKD 390. 00/MT
TOTAL: 100MT +10% ARE ALLOWED.
PRICE TERM: CIF BUSAN KOREA
COUNTRY OF ORIGIN: P. R. CHINA
PACKING: STANDARD EXPORT PACKING
SHIPPING MARK: ST05 -016
BUSAN KOREA
DOCUMENTS REQUIRED46A:

1. COMMERCIAL INVOICE IN 3 COPIES INDICATING LC NO. & CONTRACT NO. ST05 -018

2. FULL SET OF CLEAN ON BOARD OCEAN BILL OF LADING MADE OUT TO ORDER AND BLANK ENDORSED, MARKED FREIGHT TO COLLECT, NOTIFYING

THE APPLICANT.

3. PACKING LIST/WEIGHT LIST IN 3 COPIES INDICATING QUANTITY/GROSS AND NET WEIGHTS

4. CERTIFICATE OF ORIGIN IN 3 COPIES

ADDITIONAL COND.　47B: ALL DOCUMENTS ARE TO BE PRESENTED TO US IN ONE LOT BY COURIER/SPEED POST.

DETAILS OF CHARGES　71B: ALL BANKING CHARGES OUTSIDE OF OPENING BANK ARE FOR BENEFICIARY'S ACCOUNT.

PRESENTATION PERIOD　48: DOCUMENTS TO BE PRESETNED WITHIN 21 DAYS AFTER THE DATE OF SHIPMENT BUT

WITHIN THE VALIDITY OF THE CREDIT

CONFIRMATION　* 49: WITHOUT

INSTRUCTIONS　78:

+ WE HEREBY UNDERTAKE THAT DRAFTS DRAWN UNDER AND IN COMPLY WITH THE TERMS AND CONDITIONS OF THIS CREDIT WILL BE PAID MATURITY.

SEND. TO REC. INFO.　72: /SUBJECT TO U. C. P. 1993 ICC PUBLICATION 500

经审核，以上信用证存在的问题如下：

____

____

____

____

____

____

（二）根据合同审核信用证

售货合同

SALES CONTRACT

卖方：

Sellers: GREAT WALL TRADING CO. LTD　Contract No.: GW2020X06

地址：　Date: 2019. 4. 22

Address: RM201，HUASHENG BUILDING，NINGBO，P.R.CHINA.

Signed at: NINGBO

Fax: 0574 - 25763368

Buyers: F.T. C CORP.

Address: AKEDSANTERINK AUTO P. O. BOX. 9. FINLAND

Fax: ______________

This Sales Contract is made by and between the Sellers and the Buyers, whereby the sellers agree to sell and buyers agree to buy the under-mentioned goods according to the terms and conditions stipulated below:

(1) 货号、品名及规格 Name of Commodity and Specifications	(2) 数量 Quantity	(3) 单位 Unit	(4) 单价 Unit Price	(5) 金额 Amount
HALOGEN FITTING W500 10% more or less both in amount and quantity allowed	9 600PCS	PC	CIF HELSINKI USD 3.80/PC	USD36 480.00
	Total Amount			USD36 480.00

(6) Packing: CARTON.

(7) Delivery From NINGBO to HELSINKI.

(8) Shipping Marks: N/M .

(9) Time of Shipment: Within 30 days after receipt of L/C. allowing tran-shipment and partial shipment.

(10) Terms of Payment: By 100% Confirmed Irrevocable Letter of Credit in favor of the Sellers to be available by sight draft to be opened and to reach China before MAY 1, 2019 and to remain valid for negotiation in China until the 15th days after the foresaid Time of Shipment. L/C must mention this contract number L/C advised by BANK OF CHINA NINGBO BRANCH. ALL banking charges outside China (the mainland of China) are for account of the Drawee.

(11) Insurance: To be effected by Sellers for 110% of full invoice value covering F. P. A up to HELSINKI To be effected by the buyers.

(12) Arbitration: All dispute arising from the execution of or in connection with this contract shall be settled amicable by negotiation. In case of settlement can be reached through negotiation the case shall then be submitted to China International Economic & Trade Arbitration Commission. In Shenzhen (or in Beijing) for arbitration in act with its sure of procedures. The arbitral award is final and binding upon both parties for setting the Dispute. The fee, for arbitration shall be borne by the losing party unless otherwise awarded.

The Seller GREAT WALL TRADING CO. LTD　　The Buyer ALICE

马丁

Issue of Documentary Credit

Issuing Bank: METITA BANK LTD, FINLAND.

Doc. Credit No: REVOCABLE

Credit Number: LRT9802457

Date of Issue: 040428

Expiry: Date 040416 Place FINLAND

Applicant: F.T.C. CO.

AKEKSANTERINK AUTO

P. O. BOX 9, FINLAND

Beneficiary: GREAT WALL TRADING CO. LTD.

RM201, HUASHENG BUILDING, NINGBO, P. R. CHINA

Amount: USD 3 648.00 (SAY U. S. DOLLARS THIRTY SIX THOUSAND FOUR HUNDERD AND EIGHT ONLY)

Available with/by: ANY BANK IN ADVISING COUNTRY BY NEGOTIATION

Draft at...: DRAFTS AT 20 DAYS'SIGHT FOR FULL INVOICE VALUE

Partial Shipments: NOT ALLOWED

Transhipment: ALLOWED

loading in Charge: NINGBO

For Transport to: HELSINKI

Shipment Period: AT THE LATEST MAY 30, 2019

Descrip of Goods: 960PCS OF HALOGEN FITIING WS00, USD 6. 80 PER PC

AS PER SALES CONTRACT GW2005M06 DD 22, 4, 2019

CIF HELSINKI

Documents required: * COMMERCIAL INVOICE 1 SIGNED ORIGINAL AND 5 COPIES

* PACKING LIST IN 2 COPIES

* FULL SET OF CLEAN ON BOARD MARINE BILLS OF LADING, MADE OUT TO ORDER, MARKED "FREIGHT PREPAID" AND NOTIFY APPLICANT (AS INDICATEABOVE) GSP CERTIFI CATE OF ORIGIN FORM A, CERTIFYING GOODS OF ORIGIN IN CHINA, ISSUED BY COMPETENT AUTHORITIES

*INSURANCE POLICY/CERTIFICATE COVERING ALL RISKS AND WAR RISKS OF PICC. INCLUDING WAREHOUSE TO WAREHOUSE CLAUSE UP TO FINAL DESTINATION AT HELSINKI, FOR AT LEAST 120 PCT OF CIF-VALUE.

* SHIPPING ADVICES MUST BE SENT TO APPLICANT WITH 2 DAYS AFTER SHIPMENT ADVISING NUMBER OF PACKAGES, GROSS & NET WEIGHT, VESSEL NAME, BILL OF LADING NO. AND DATE, CONTRACT NO., VALUE.

Presentation Period: 6 DAYS AFTER ISSUANCE DATE OF SHIPPING DOCUMENT

Confirmation: WITHOUT

INSTRUCTIONS: THE NEGOTIATION BANK MUST FORWARD THE DRAFTS AND ALLDOCUMENTS BY REGISTERED AIRMAIL DIRECT TO US IN TWO CONSECUTIVE LOTS , UPON RECEIPT OF THE DRAFT'S AND DOCUMENTS

INORDER, WE WILL REMIT THE PROCEEDS AS INSTRUCTED BY THE NEGOTIATING BANK.

经审核，以上信用证存在的问题如下：

____

____

____

____

____

____

第五章
银行保函和备用信用证业务实验

实验目的

了解保函和备用信用证的种类。
掌握保函和备用信用证的业务流程和注意事项。
了解保函、备用信用证和跟单信用证之间的异同。

实验要求

开立保函。
开立备用信用证。

第一节 银行保函和备用信用证基础知识

银行保函和备用信用证不是某种结算方式，而是为承担交易风险的一方提供信用保障的某种手段。在汇款和托收中，交易的一方将承担风险，如果需要避免这种风险，那么可以在此类带有风险的结算方式中，特别是分期付款和延期付款的交易中，配合使用银行保函或备用信用证。

一、银行保函概述

（一）银行保函的作用与特点

银行保函（简称L/G），又称“银行保证书”“银行信用保证书”，简称“保证书”，是指银行应申请人的要求，以担保人的身份，向受益人开立的保证文件。银行保证委托人如未对受益人履行某项义务，一旦委托人未按其与受益人签订的合同的约定偿还债务或履行约定义务，由银行对委托人的债务或义务，承担赔偿责任。

（二）银行保函的格式

银行保函的格式是指保函的文字条款，它体现着保函项下担保人所承担的责任和义务。不同的格式反映了担保人在每一担保类别项不同的风险程度和不同的赔付或付款承诺。银行保函并无统一的格式，这是由于担保事项的性质不同及要书写表达的内容不一样。保函的种类很多，而且还由于各国不同的习惯做法和法律要求，不同的国家有不同的保函格式，不同的客户可以拟订不同的格式条文。即使在同一个国家的不同银行、不同商业合同的当事人，对保函的要求也不尽相同，加上不同种类的担保项下不同的责任描述，因而也就无法为每种保函确定一种或几种模式，以期用于任何交易活动。银行只能根据具体的交易要求和规定，区别不同国家和客户来使用不同的保函格式。

（三）银行保函的内容

由于保函所遵循法规的不同，以及保函种类的不同，实务中的银行保函不但格式不一，而且在内容上也有许多差别，不过仍然有一些基本内容是大致相同的，主要包括以下几方面的内容：

1.各当事人的完整名称和地址

银行保函中应显示申请人、受益人、担保行、通知行的名称和地址，其中担保银行的地址涉及保函的法律适用性问题，以及保函的到期地点和受益人的交单地点。根据惯例，保函受担保人营业地所在国的法律约束，如果担保人有几个营业地，则受担保人签发保函的那个营业地所在国的法律约束。受益人应在保函有效期内将单据提交到有效地点。

2.保函的性质

银行保函有不同的性质和用途，如投标保函、预付款保函等，一般为不可撤销、不可转让保函。

3.基础合同的主要内容

银行保函应注明所担保的基础合同，写明交易合同的号码、日期、内容、当事人等。虽然保函注明了基础合同，但不表示保函依附于该基础交易，保函一经开立，就完全独立于基础合同。

4.保函的编号和日期

银行对保函进行编号的主要目的是便于内部管理和业务查询，而且一般情况下保函的开立日期即为保函的生效日期，可以确定银行担保责任的起讫时间。

5.保函金额

保函金额是担保人承担责任的最高限额，也是受益人在保函项下的最高索偿金额。保函金额可以是确定的金额，也可以规定一个最高金额（不是一个确定金额）。因为有的保函的赔付金额往往取决于申请人违约对受益人造成的损失程度，无法在开立保函时就规定确定的金额。随着基础合同的履行，担保人的担保责任逐步递减。

6.保函的有效期

保函的有效期包括保函的生效日期和失效日期。保函的种类和用途不同，保函的生效方法也不同。例如，投标保函一般自开立之日起生效；预付款保函则在申请人收到款项之日生效，以避免在申请人收到预付款之前被无理索赔的风险。保函的失效日期（Expiry Date）是受益人提出索赔的截止期限。

7. 责任条款

责任条款指银行在保函中的付款承诺，银行凭受益人提交的符合保函规定的单据或证明文件付款。

8. 索偿条件

保函一般以受益人在效期内提交证明申请人违约的单据或文件作为付款依据。担保行只负责审核单据的表面真实性，而不与事实相联系。

9. 其他条款

其他条款包括与保函有关的保兑、修改、撤销和仲裁内容。保函只有经当事人一致同意后才可撤销和修改。

二、银行保函的业务运作

（一）银行保函的有关当事人

1. 申请人

申请人（Applicant）是向银行申请开立保函的当事人。申请人的主要责任是按照已签订的合同或协议的规定履行各项义务，在银行凭保函向受益人付款后，对银行作出足额的补偿。

2. 受益人

受益人（Beneficiary）是与申请人相对的当事人，有权在申请人违约后向银行提出索偿。在贸易结算中，如果出口商先交货并允许进口商延期支付，延期付款保函的申请人是进口商，受益人是出口商。当进口商没有在规定的期限内付款，由担保银行向受益人（出口商）支付货款。如果是进口商提供预付款的情况，那么还款保函的申请人是出口商，受益人是进口商。当申请人（出口商）没有按规定提供货物，受益人可以凭保函规定的单据向银行索赔，以维护自身利益。

3. 担保行

担保行（Guarantor Bank）是根据申请人的要求，向受益人开立保函的银行。在申请人违约后，担保行必须根据受益人提交的单据和保函规定向受益人作出赔偿，并有权在赔偿后向申请人索偿。

4. 通知行

通知行（Advising Bank）是将保函通知给受益人的银行，通常是担保行在受益人所在地的代理行。通知行必须审核保函的表面真实性（核对印鉴和密押），通知行对索偿不负任何责任。

5. 保兑行

保兑行（Confirming Bank）是根据担保行的要求，对保函加具保兑的银行。保兑行的保兑使受益人获得了双重担保。当受益人认为担保银行的资信状况不足以信任时，可要求担保行寻找一家国际知名的大银行作为保兑行对保函进行保兑。当担保行无理拒付，或因破产、倒闭等原因无力支付时，由保兑行代为履行付款责任，保兑行付款后，有权向担保行索偿。

6. 反担保行

反担保行（Counter Guarantor Bank）是接受申请人的委托向担保行出具不可撤销反担保，承诺在申请人违约且无法付款时，负责向担保行进行支付的银行。反担保行向担保银行作出赔偿后，有权向申请人索偿。在国际担保业务中，由于各国法律差异较大，受益人往往只接受本国银行开立的保函，因此申请人常常委托其往来银行先给受益人所在地的一家银行开立反担保，再由该银行向受益人开立保函。

（二）银行保函业务流程

一笔保函业务大约要经过以下8个环节（图5-1）：

①交易双方在合同中约定采用银行保函为双方的交易提供担保。

②申请人向银行申请开立保函。

③银行审核无误后对外开立保函。

④通知行审核保函的表面真实性并将保函通知给受益人。

⑤受益人在申请人违约后通过通知行向担保银行索赔。

⑥担保银行审核受益人提交的单据或证明文件并向受益人赔付。

⑦担保银行付款后向申请人索赔。

⑧申请人向担保银行付款。

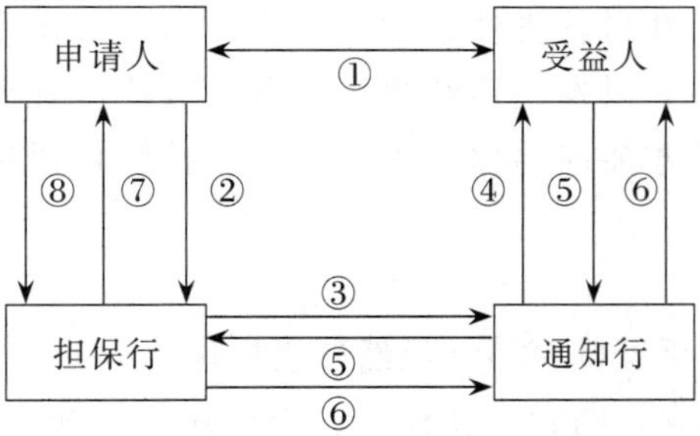

图5-1 保函业务流程图

对担保银行来说，一笔保函业务通常涉及开立、修改、索赔和注销四个环节。

1.保函的开立

保函开立前，申请人应填写保函申请书或与担保银行签订书面担保协议，并提交与基础交易有关的合同或招投标书副本等文件作为银行审核的依据。保函申请书或书面担保协议是构成申请人和担保行之间权责关系的书面契约。申请人还应向担保银行交纳保证金或提供反担保。

担保银行为防范风险及确保自身利益，在正式对外开立保函前应认真审核申请人的资信状况、财务状况、基础交易的真实性以及担保资金或反担保的落实情况。

审核无误后，担保银行将保函发至（通过电讯方式或信函邮寄方式）受益人所在地的一家银行，由该银行将保函通知受益人。对外开出保函后，银行有权向申请人收取担保费用。

2.保函的修改

保函在有效期内可以进行修改，但须征得当事人各方的一致同意方可进行，任何一方单方面对保函条款作出的修改都是无效的。当申请人和受益人就保函修改取得一致后，由申请人向原担保行提出申请，并经银行审核后发出修改。

3.保函的索赔

在保函有效期内，受益人只要提交符合保函规定的单据或书面文件，担保银行就应履行担保义务，及时对外付款，同时向申请人或反担保人追索。

4.保函的注销

保函在到期后或保函项下的担保金额使用完毕后失效，担保银行可办理保函的注销手续。保函注销后，担保银行的担保责任即告解除。

三、银行保函的种类

在实务中，银行保函的种类繁多，形式非常灵活，被广泛应用于国际经济贸易中。依据不同的划分标准，银行保函有不同的种类形式。

（一）根据与基础交易的关系，保函分为从属性保函和独立性保函

1.从属性保函

从属性保函依附于基础交易，随基础交易的变化而发生变化。从属性保函中，担保银行承担第二性付款责任，即只有在受益人提出索赔而申请人拒绝支付时才予以付款。因此，如果发生违约事项，受益人应首先要求申请人赔付，只有在申请人未付和拒付时才能向担保行提出索赔。传统保函以及国内保函以从属性保函为主。

2.独立性保函

独立性保函不依附于基础交易。虽然独立性保函依据基础交易开立，但一经开立就不受基础交易的约束，两者相互独立、相互分离。独立性保函中，担保银行承担第一性付款责任，只要受益人的索赔满足保函中规定的条件银行就应立即予以付款，而不论基础交易的执行情况如何。国际上通用的保函以独立性保函为主。

（二）根据支付前提的不同，保函分为付款类保函和信用类保函

1.付款类保函

付款类保函是银行为基础交易产生的债务进行支付所开立的保函。当受益人履行了保函中规定的义务后，就可以取得保函项下的款项。付款类保函可以作为合同价款的一种支付方式，受益人履约后向担保银行索取款项。付款类保函的支付前提是受益人履约。

2.信用类保函

信用类保函是银行为基础交易的一方可能发生的违约事项向另一方当事人提供担保所开立的保函。只有申请人违约，支付才可能发生，否则支付就不会发生。信用类保函的支付前提是申请人违约。银行保函以信用类保函为主。

（三）根据使用范围不同，保函分为出口类保函和进口类保函

1.出口类保函

出口类保函是银行应出口商或承包商的申请向进口商或招标人开出的保函，是为满足出口货物或出口劳务的需要而开立的保函。出口类保函适用于国际工程承包业务和商品出口业务。

（1）投标保函。

投标保函（Tender Guarantee）是担保银行应投标人的要求向招标人出具的书面保证文件，保证投标人在开标前不中途撤标、不片面修改投标条件，中标后不拒绝签约，并按时提交履约保函。如果投标人违约，担保银行将赔偿招标人的全部损失。投标保函自开立之日起生效。在开标后一定时期内，如果投标人未收到中标通知，保函失效；如果中标，保函延续到投标人与中标人签订合同并提交规定的履约保函时失效。

（2）履约保函。

履约保函（Performance Guarantee）是担保银行应申请人（供货商或承包商）的要求向受益人开出的保证申请人按合同条款履行各项义务的书面保证文件。履约保函自开立之日起生效，至合同执行完毕或双方约定的期限失效。

（3）预付款保函。

预付款保函（Advance Payment Guarantee）是担保银行应申请人（预付款收取者）要求向受益人（预付款支付者）出具的书面保证文件，保证在申请人未履行合同义务也未退还预付款的情况下，由担保银行负责偿还预付款。预付款保函自申请人收到预付款之日起生效至申请人履约或预付金额全部扣减完毕时失效。保函的金额为预付款金额，一般为合同金额的10%左右。

（4）质量保函和维修保函。

质量保函（Quality Guarantee）和维修保函（Maintenance Guarantee）是担保银行应出口商或承包商的要求，就合同标的物的质量向进口商或招标人出具的书面保证文件，保证在交货或施工完毕之后的规定时间内，如果发现质量问题，出口商或承包商将及时退换或进行维修，否则受益人凭保函可以向银行索赔。质量保函多用于大型机械设备等资本性货物的进出口交易中，如大型机电产品、成套设备、船舶、飞机等的买卖交易。维修保函主要用于对工程项目的质量担保。质量保函和维修保函的金额通常为合同标的额的5%左右。

（5）透支保函。

透支保函（Overdraft Guarantee）是担保银行应承包商的要求向工程所在国银

行出具的书面保证文件，保证借款人到期如数偿还透支金额及利息，否则由担保行负责偿还。透支是一种短期资金借贷行为。在国际承包工程中，承包商在国外施工时，为了能够得到当地银行的资金融通，需要开立一个透支账户。在申请开立透支账户时，承包商须向当地银行提供由其本国银行出具的透支保函。保函金额为透支账户所允许的透支限额。

（6）关税保函。

关税保函（Customs Duties Guarantee）是担保银行应承包商的要求向工程所在国海关出具的保证在工程完工后将施工设备运回国内的书面保证文件。在国际承包工程中，承包商将施工设备运至国外时，要向当地海关支付进口关税；工程完工后将设备运回国内时，可以要求当地海关退税。为了避免手续的麻烦和税金的占压，承包商可以向银行申请以东道国海关为受益人的关税保函，以免交进口关税。如果运入的设备在东道国销售，由银行向海关补交应付关税。关税保函也用于国际展览活动中，当一国将展品运入另一国时，可以通过出具关税保函免交关税。

2.进口类保函

进口类保函是银行应进口商的申请向出口商开出的保函，适用于货物进口、技术进口、补偿贸易及来料加工业务。

（1）付款保函。

付款保函（Payment Guarantee）是担保银行应申请人（进口商）的要求向受益人（出口商）出具的书面保证文件，保证进口商在收到符合合同规定的货物后向出口商支付全部货款，否则由银行赔偿出口商的损失。付款保函根据付款时间的不同又可分为即期付款保函和延期付款保函。大型资本货物交易或工程承包业务通常使用付款保函来担保合同规定的分期付款或延期付款。

（2）补偿贸易保函。

补偿贸易保函（Compensation Guarantee）是担保银行应申请人（设备进口商）的要求向受益人（设备出口商）出具的书面保证文件，保证申请人以进口设备生产的产品，按合同规定返销出口给设备出口商或其指定的第三者以偿付进口设备的价款，否则由银行按保函金额赔付设备价款及相应的利息。补偿贸易由出口商提供生产所需的设备和技术，进口商生产的产成品以返销的形式补偿出口商的设备款、技术转让费及相应的利息。出口商为了避免进口商因违约不能按时补偿设备价款、技术费用而使自己遭受损失，往往要求设备进口商提交补偿贸易保函。

（3）来料加工保函。

来料加工保函（Processing Guarantee）是银行应加工方的要求向委托方出具的书面保证文件，保证加工方对进口原料进行加工后，按合同规定将成品交付委托方或其指定的第三者以支付进口原料价款，否则由银行负责赔付。来料加工由委托方提供技术、生产设备和原材料，由加工方按照委托方的要求进行加工，生产出的成品交给委托方销售，加工方收取加工费。为了防止加工方不能按时加工成品偿还设备及原料价款，委托方往往要求加工方提交来料加工保函。

(4) 租赁保函。

租赁保函（Lease Guarantee）是银行应承租人的要求向出租人出具的书面保证文件，保证承租人按合同规定支付租金，否则由银行负责赔偿出租人。租赁保函适用于机械设备、运输工具等的租赁业务。租赁保函中担保银行的担保责任随每笔租金的支付而等额递减。

四、备用信用证

（一）备用信用证的概念

备用信用证（Standby Letter of Credit，SL/C）是开证行对受益人作出的、承诺在开证申请人未能履约时凭信用证中规定的单据向受益人付款的书面承诺。作为一种付款承诺，备用信用证的开证行只有在申请人违反基础合同的情况下才需要付款。如果开证申请人按期履行合同义务，受益人就无须要求开证行付款，因此备用信用证具有“备用”的性质。

备用信用证既具有信用证的特点，又具有银行保函的特点，是一种信用证形式的银行保函。由于备用信用证不要求货运单据，因此属于光票信用证，一般不直接用于货款的结算，而是作为一种担保手段使用（主要用于信用担保）。备用信用证起源于19世纪中后期的美国，当时美国的法律禁止银行参与担保业务，美国监管当局认为保函等担保业务是为他人的违约事项承担责任，应由担保公司办理，不在银行的业务经营范围之内。为了规避法律监管，以及拓展业务的需要，美国商业银行创立备用信用证代替保函，并得到了广泛的接受。银行禁止开立保函的限制在美国早已取消，但备用信用证这一担保形式却保留了下来。

（二）备用信用证的种类

备用信用证的应用范围十分广泛，在国际结算、贸易融资以及国际经济技术合作的各类业务中都可以使用。由于备用信用证的使用具有很大的灵活性，其种类繁多，常见的有：

1.履约备用信用证

履约备用信用证（Performance Standby）支持一项除支付金钱以外的义务的履行，包括对由于申请人在基础交易中违约所致损失的赔偿。

2.预付款备用信用证

预付款备用信用证（Advance Payment Standby）担保申请人对受益人的预付款所应承担的义务和责任。这种备用信用证通常用于国际工程承包项目中业主向承包人支付的合同总价10%~25%的工程预付款，以及进出口贸易中进口商向出口商支付的预付款。

3.投标备用信用证

投标备用信用证（Bid Bond Standby）担保申请人中标后执行合同的义务和责

任，若投标人未能履行合同，开证行必须按备用信用证的规定向受益人履行赔款义务。

4.反担保备用信用证

反担保备用信用证（Counter Standby）支持反担保备用信用证受益人所开立的另外的备用信用证或其他承诺。

5.融资备用信用证

融资备用信用证（Financial Standby）支持一项付款义务，包括对借款偿还义务的任何证明性文件。

6.保险备用信用证

保险备用信用证（Insurance Standby）支持申请人的保险或再保险义务。

7.商业备用信用证

商业备用信用证（Commercial Standby）支持申请人对货物或服务的付款义务，如果没有以其他方式付款的话。

8.直接付款备用信用证

直接付款备用信用证（Direct Payment Standby）担保到期付款，主要用于担保企业发行债券或订立债务契约时的到期支付本息义务。

五、备用信用证与跟单信用证的比较

严格地说，备用信用证也是一种跟单信用证，但我们通常所说的跟单信用证更多的是指作为贸易结算方式的商业信用证。

（一）相同点

备用信用证和跟单信用证的相同点包括：

（1）备用信用证和跟单信用证同属银行信用，都是银行应申请人的要求向受益人作出的书面付款保证。

（2）备用信用证具有跟单信用证凭单付款的特点，开证行凭受益人提交的相符单据付款。

（3）开证行的付款都与贸易合同、货物、服务或其他行为无关。

（4）开证行的付款责任都是第一性的。

（5）两者均适用《跟单信用证统一惯例》。

（二）不同点

1.使用目的不同

跟单信用证是受益人履约后开证行承担付款责任的一种信用证，开立跟单信用证的主要目的是支付货款，只要交易正常进行，付款是必然要发生的；备用信用证只是一种或有付款工具，具有“备而不用”的性质，只有在申请人没有履行合同或违约的情况下，备用信用证的受益人才向开证行支取款项。

2.适用范围不同

跟单信用证通常用于贸易结算；备用信用证可用于所有国际经济往来，适用于包括贸易结算在内的多方面的交易。贸易结算中备用信用证是为买方没有付款或卖方没有交货等违约事项提供的担保。

3.受益人提交的单据不同

跟单信用证要求受益人提供大量的商业单据，至少包括商业发票和运输单据；备用信用证要求受益人提交的单据非常简单，通常只要求由受益人签发的以开证行为付款人的即期汇票，以及声明开证申请人违约的受益人证明。

4.适用的国际惯例不完全相同

跟单信用证只适用《跟单信用证统一惯例》，而备用信用证除适用《跟单信用证统一惯例》外，还适用《国际备用信用证惯例》。

六、与备用信用证有关的国际惯例

由于跟单信用证和备用信用证的性质不同，UCP的很多条款不适用于备用信用证，如UCP500第23至38条，UCP600第18至28条等与单据有关的条款和备用信用证相关性不大，因此UCP规则只在一定范围内适用于备用信用证。随着备用信用证业务的不断发展，迫切需要一套适用于备用信用证的独立规则，国际商会考虑到这一需求并在征得各国银行意见的基础上于1998年推出了《国际备用信用证惯例1998》（International Standby Practices 1998，简称ISP98），该规则于1999年1月1日生效，是国际商会第590号出版物。虽然至今还有相当一部分备用信用证开立时声明遵循UCP规则，但ISP98自生效以来已经得到越来越广泛的使用，因为它更适用于备用信用证。

第二节 银行保函和备用信用证业务实验原理

一、保函业务的实验原理

虽然人们对银行保函的格式和内容并没有统一规定和要求，但大多数保函的基本内容相近。比如，保函必须加注编号，注明开立日期，写明当事人的名称和地址。保函还有必要标明据以开立的有关基础合约或标书的编号、签署日期、工程或标的物的名称。保函的正文应该明确担保人付款的条件、所承担的赔偿最高限额以及担保人按保函规定的条件赔付的承诺，正文中还应该规定保函的到期日及／或到期事件。在建筑承包保函中还可以规定减额条款，即规定担保金额随着工程的进展而递减。

二、有关银行保函的国际惯例

国际商会曾颁布了两个关于银行保函的惯例，其中一个是1978年6月颁布的《合同保函统一规则》(Uniform Rules for Contract Guarantees)，即国际商会第325号出版物，简称URCG325；另一个是最初于1992年4月颁布、作为国际商会第458号出版物的《见索即偿保函统一规则》(Uniform Rules for Demand Guarantees)，简称URDG458。

三、备用信用证业务的实验原理

过去，大多数银行保函不愿引用国际商会制定的规则，而跨国银行保函如无约定，往往按复杂的保函开立地的法律来调整，这很容易导致当事人之间产生纠纷。为了避免银行陷入这些纠纷，保持金融秩序稳定，有些国家从法律上禁止银行开立保函。因此，为了业务需要，备用信用证应运而生。

第三节 银行保函和备用信用证业务实验内容与步骤

一、保函业务

(一) 开立一份投标保函

请根据下面的资料开立一份投标保函：

①Invitor for tender (招标人) beneficiary: Ace Technical Import corp., Beijing.

②Date of guarantee: 30 Aug., 2016.

③Tender guarantee No.: BDE—1234.

④ Bidder (投标人) Principal (委托人): ABC Co., Dortmund, Germany.

⑤Invitation to tender No. ITT—84805 dated 29 May. 2016.

⑥Issuing Bank: Dresdner Bank, Dortmund.

⑦Amount: (5% of tender amount) Euro 480 000.00.

⑧Description of goods: supply of Microscopes, Photographic Equipment.

⑨His offer No. OFE 37844 dated 10 July. 2016.

⑩Guarantee shall expire on 28 Feb., 2017.

TENDER GUARANTEE

Beneficiary: (1) ________________Date: (2) ________________

(name and address)

TENDER GUARANTEE No. (3) ____

____

We have been informed that (4) ________ , (hereinafter called "the

Principal"), responding To your invitation to tender No. (5) ________ dated (6) ________ for the supply of (7) ________ (description of goods and / or services), has submitted to you his offer No. (8) ________dated (9) ________

Furthermore, we understand that, according to your conditions, offers must be supported by a tender guarantee.

At the request of the Principal, we (name of bank) (10) ________ hereby irrevocably undertake to pay you any sum or sums not exceeding in total amount of (11) (say: ________) upon receipt by us of your first demand in writing and your written statement stating:

i) that the Principal is in breach of his obligation (s) under the tender conditions; and

ii) the respect in which the Principal is in breach.

Your demand for payment must also be accompanied by the following document (s):

(specify document (s) if any, or delete)

This guarantee shall expire on (12) ________ at the latest.

Consequently, and demand for payment under it must be received by US at this office on or before that date.

This guarantee is subject to the Uniform Rules for Demand Guarantees, ICC Publication No. 458.

Signature (s): (13) ______________

signature

(二)开立履约保函

请根据下面的资料开立一份履约保函:

① Invitor for tender (投标人) Beneficiary: Ace Technical Import Corp., Beijing.

②Date of guarantee: 26 Feb., 2017.

③Performance Guarantee No. 5678.

④Enter into contract as seller-principal: ABC Co., Dortmund, Germany.

⑤Contract No. 145—84805 dated 23 Feb., 2017.

⑥Supply of: Microscopes, Photographic Equipment.

⑦Issuing Bank: Dresdner Bank, Dortmund.

⑧Total an amount of: (10% of contract value) Euro 480 000.00.

⑨Guarantee shall expire on 27 Aug., 2017.

PERFORMANCE GUARANTEE

Beneficiary: (1) ______________ Date: (2) ______________

(name and address)

PERFORMANCE GUARANTEE No. (3) ______________________

We have been informed that (4) ___________, (hereinafter called "the Principal"), has entered into contract No. (5) ___________ dated (6) ___________ with you, for the supply of (description of goods and / or services) (7) _________________________

Furthermore, we understand that, according to the conditions of the contract, a performance guarantee is required.

At the request of the Principal, we (name of bank) (8) ___________ hereby irrevocably undertake to pay you any sum or sums not exceeding in total an amount of ' (9) ___________ (say: ________________) upon receipt by us of your first demand in writing and your written statement stating:

i) that the Principal is in breach of his obligation(s) under the underlying contract; and

ii) the respect in which the Principal is in breach.

Your demand for payment must also be accompanied by the following document (s):

(specify document(s) if any, or delete)

This guarantee shall expire on (10) _____________ at the latest.

Consequently, and demand for payment under it must be received by US at this office on or before that date.

This guarantee is subject to the Uniform Rules for Demand Guarantees, ICC Publication No. 458.

Signature (s) (11) ___________________________

Signature

(三) 开立预付款保函

请根据下面的资料开立一份预付款保函:

①Beneficiary: China National Technical Imp. Corp., Beijing, China.

②Issuing date: 5 Jan., 2016.

③Advance payment guarantee No. 85627.

④Principal: Gordon Whiteley Works, Moreley, Leeds, U.K..

⑤Contract No. 10108 dated 20 June, 2015.

⑥Description of Goods: Goods under Contract No. 10108.

⑦Amount: GBP6 050.00.

⑧Name of Bank: Lloyds bank Ltd., Leeds, U.K..

⑨Account number: 01—332—51608.

⑩Expiry date: 15 Feb., 2016.

ADVANCE PAYMENT GUARANTEE

Beneficiary: (1) _____________ Date: (2) _____________

(name and address)

ADVANCE PAYMENT GUARANTEE No. (3) ____________________

____

We have been informed that (4) ________, (hereinafter called "the Principal"), has entered into contract No. (5) ________ dated (6) ________ With you, for the supply of (description of goods and / or services) (7) ________ ____________________ Furthermore, we understand that, according to the conditions of the contract, an advance down payment in the sum of (8) ——is to be made against an advance payment guarantee.

At the request of the Principal, we (name of bank) (9) ________ hereby irrevocably undertake to pay you any sum or sums not exceeding in total an amount of (10) ________ (say: ________) upon receipt by US of your first demand in writing and your written statement stating:

i) that the Principal is in breach of his obligation (s) under the underlying contract; and

ii) the respect in which the Principal is in breach.

Your demand for payment must also be accompanied by the following document (s):

(specify document (s) if any, or delete)

It is a condition for any claim and payment to be made under this guarantee that the advance payment referred to above must have been received by the Principal on his account number (11) ________ at (name and address of bank) (12) ________ This guarantee shall expire on (13) ________ at the latest.

Consequently, and demand for payment under it must be received by US at this office on or before that date.

This guarantee is subject to the Uniform Rules for Demand guarantees, ICC Publication No. 458.

Signature (s): (14) ____________________

Signature

二、备用信用证业务

(一) 填写商业备用信用证

请根据下面的资料填写一份商业备用信用证:

(1) Issuing bank: Standard Bank. London.

(2) Beneficiary: Laurance Co., 75, Elisabeth Street, Hong Kong.

(3) Date of issue: (3) 12 March, 2017.

(4) Credit No.: 17623.

(5) Applicant: Robinson Ltd., London.

(6) Credit amount: GBP200 000.00.

(7) Expiry date: 31 Oct., 2017.

(8) Credit available by: payment.

(9) Draft: drawn at sight on Issuing Bank.

(10) Certificate stating that you have made shipment of the required goods and have supplied the required documents to Robinson Ltd., and have not been paid within 30 days of the in voice date.

(11) Copy of: unpaid invoice.

(12) Copy of: transport document.

(13) Credit is subject to the International Standby Practices ISP98.

Commercial Standby Letter of Credit Form

Issuing Bank

(1) ____________________

Beneficiary

(2) ____________________

Date of issue

(3) ____________________

Dear Sirs,

We hereby issue our irrevocable standby letter of credit No. (4) ____________ by order of (5) ________ for an amount of (6) ________ (say________) which expires at our counters on (7) ________.

This credit is available by (8) ________ against presentation to us of the following documents:

i. Your draft (9) ________ for the amount of your claim.

ii. Your certificate stating that (10) ______________________________
______________________________.

iii. Copy of (11) ____________.

iv. Copy of (12) ____________.

Partial drawings are allowed.

All charges under this standby letter of credit ale for account of the beneficiary.

Except where otherwise expressly stated. this standby letter Of credit is subject (13) ______________________________

Please quote our reference number on any correspondence.

Yours faithfully.

____signature____

（二）翻译保函

请将下面的中文保函翻译成英文：

应______________（下称“申请人”）要求，我行兹开立以你方为受益人的第_________号，担保金额为________美元（即贷款本金及利息的110%），用以保证申请人在你方第________号贷款合同项下即期或将来的还款责任。

在本备用信用证项下，我行将凭你方提交的加押电传付款，同时，你方还应提交经你方签署的载明该索赔代表并包括了你行给予申请人贷款安排下未清偿的债务的声明。

当收到与本备用信用证规定相符的单据后，我行将在7个银行的工作日内，根据你方指示汇付索赔金额。

在你方计算索赔金额时，汇率适用索赔当日中国银行公布的美元买入价。

本备用信用证允许分批索赔。

本备用信用证的有效期至___________（贷款到期后6个月），并须在该日期前提交至××银行。

本备用信用证根据《跟单信用证统一惯例》（2007年修订版），国际商会第600号出版物开立。

（三）简答

阅读下面一则案例，分析并回答如下问题。

澳大利亚悉尼S银行拟凭中国香港B银行开立的以S银行为受益人的备用信用证向D客户提供100万美元的信贷。S银行因缺少B银行的印鉴本，便去B银行悉尼分行核对。尽管在核对过程中双方还有争议，但毕竟在信用证签注了“印鉴相符，B银行”的字样，落款是B银行分行的两位职员的签字。然后，S银行凭持有的B银行悉尼分行的印鉴本核对了该两位职员的签字，完全相符。就此，D客户从S银行取得了100万美元。不久，S银行为信用证的一些小修改和B银行联系时，B银行否认曾经开立过此证，并表示对该信用证不承担任何责任。因而，S银行要求凭信用证支取100万美元遭到B银行的拒付。B银行声称该信用证是伪造的，而且信用证上某些内容也足以引起S银行的警觉。S银行反驳称，印鉴经核对相符，说明信用证是真实的，为此B银行应对该证负责。

法庭鉴定原告提示的信用证确属伪造。原告S银行以其对汇入汇款业务中印鉴核对的处理引证证明，是按当地银行惯例行事的，因而也是确定信用证真伪的有效方法，并且如果通过具有代理关系的银行核对印鉴可以确认信用证的真伪，那么通过开证行的分行核对印鉴当然可以确认信用证的真伪。被告声称信用证的若干内容应引起S银行的警觉，因此，被告可以不受“禁止翻供”的约束。法庭认为只有原告对于该伪造信用证真正知情，被告才不受“禁止翻供”的约束。对于原告来说，因不知道该信用证是伪造的而把被告的信用证当成是真实的，是合情合理的。法院裁决被告（B银行）对该信用证承担完全责任。

请问：

（1）上述案例争执的焦点是什么？

（2）备用信用证的实质是什么，它具有哪些特点？它和一般跟单信用证、保函有哪些异同点？

（3）备用信用证适用的国际惯例主要有哪些？本案例的判决是适用了什么惯例或法律？

第六章
单证业务实验

实验目的

掌握各种结汇单据的缮制。

实验要求

根据信用证缮制全套结汇单据。
根据信用证审核全套结汇单据。

第一节 单证基础知识

一、商业发票

(一) 商业发票的基本内容

商业发票没有统一、固定的格式，一般由出口商自行制定。虽然出口商有各有各的格式，但基本栏目大致相同。发票的内容要符合合同的规定，是出口商履约的证明，如果是信用证结算方式，又要符合信用证的规定。一份商业发票应包括以下几个方面的内容：

1.出口商名称和地址

出口商名称和地址（Exporter's Name and Address）出现在发票的正上方，一般事先印就，与合同中出口商的名称地址一致。如果是信用证结算方式，应与受益人的名称和地址一致（可转让信用证除外）。我国的出口发票中通常同时显示出口商的中英文名称。

2."发票"字样

"发票"（Name of Invoice）字样在出口商名称地址下方或其他显著位置，用粗体字显示"COMMERCIAL INVOICE"或"INVOICE"，以区别于其他单据。

3.发票抬头人

发票一般做成以合同中的进口商或信用证中的开证申请人为抬头人（Accountee）（可转让信用证除外）。有时信用证或合同规定以进口商以外的第三者作为发票的抬头人，则应按规定填写。在转让信用证的情况下，第二受益人出具的发票以第一受益人为抬头，第一受益人收到第二受益人提交的全套单据后，会用自己的发票、汇票替换第二受益人的单据，这时第一受益人出具的发票以开证申请人为抬头。

4.发票编号和日期

发票号码（Invoice No.）由出口商自行编制，没有统一的规则，同一出口商通常采用顺序号，便于业务查询。发票是出口单据的核心，发票号码往往用来代替整套单据的号码。

发票的日期（Invoice Date）应在合同签订之后，但不能晚于汇票的日期。在全套单据中，发票可以是签发日期最早的单据，甚至可以早于信用证开证日期。

5.合同号或信用证号码

信用证下的发票应注明信用证号（Credit No.），其他结算方式则注明合同号（Contract No.）。

6.起运地和目的地

起运地和目的地（Transport Route）应明确具体，要与运输单据上的表述一致。如果是海运，要填写起运港和目的港，一般还应在港口名称后面打上国家或地区名，如“Nagoya，Japan”，以避免港口重名。

7.货物描述

货物描述（Description of Goods）是发票中的主要项目，包括货物的品名、规格、数量、重量、包装等内容，必须与合同或信用证严格一致。

8.单价和总值

单价和总值（Unit Price and Total Value）也是发票中的主要项目，必须准确计算，发票总金额不能超过合同或信用证允许的金额。根据UCP600第18条的规定，银行可以接受金额超过信用证允许金额的商业发票，但前提是对超过信用证允许金额的部分不作承付或者议付。

9.唛头

唛头（Shipping Marks）又称运输标志，主要是便于承运人和收货人识别货物。如合同或信用证中指定唛头，按规定填写，如果没有指定，出口商可自行设计唛头。唛头由客户名称缩写、合同号或发票号、目的港、件号等几部分内容组成。单据之间的唛头要相互一致。如果没有唛头，应填写“N/M”（无唛头）字样。如果是集装箱运输，应注明集装箱号和封号（Container No. and Seal No.）

10.声明文句

声明文句（Declaration）主要是根据合同或信用证的要求，对一些特殊事项加以注明，如加注进口许可证号码（Import License No.）、声明发票内容正确真实、证明货物原产地等，如“We hereby certify that the invoice is true and correct and that the goods are of China origin.”。

11.出单人签章

出单人签章（Exporter’s Stamp and Signature）一般由出口商签章，包括出口企业全称和有权签字人的签字，信用证结算方式下由受益人签发商业发票，其他单据上的签章要与发票保持一致。

（二）商业发票审核要点

商业发票审核要点包括：

（1）由出口商签发；

（2）发票抬头人为进口商，除非另有规定；

（3）货物描述与合同或信用证中的规定一致；

（4）合同中规定的有关货物、价格和条款的细节都在发票中体现；

（5）发票中出现的唛头和装运情况等信息与其他单据一致；

（6）发票币种与合同或信用证相同；

（7）发票金额与汇票一致；

（8）发票金额没有超过合同或信用证的可用余额；

（9）如果合同或信用证不允许分批装运，发票显示信用证要求的全部货物；

（10）发票已按合同或信用证要求，签署、公证、证实等；

（11）有关装运、包装、重量、运费或其他相关的运输费用与其他单据上显示的内容一致；

（12）提交的正本和副本份数正确。

二、运输单据

（一）UCP600关于运输单据的分类

UCP600将运输单据分为7类，分别是：

（1）多式运输单据（Transport Document Covering at least Two Different Modes of Transport）。

（2）提单（Bill of Lading）。

（3）不可转让海运单（Non-Negotiable Sea Waybill）。

（4）租船提单（Charter Party Bill of Lading）。

（5）空运单据（Air Transport Document）。

（6）公路、铁路或内陆水运单据（Road, Rail or Inland Waterway Transport Documents）。

（7）快邮收据、邮政收据或投递证明（Courier Receipt, Post Receipt or Certificate of Posting）。

（二）多式运输单据

多式运输是使用集装箱，通过海、陆、空等两种或两种以上的运输方式完成的国际货物运输。多式运输以集装箱为运输单元，将不同的运输方式有机地结合起来，可以减少货物运输时间，提高货物运输质量，与传统的单一的运输方式有很大的不同。

（三）海运提单

1.海运提单的概念及作用

（1）海运提单的概念。

海运提单（Marine / Ocean Bill of Lading）简称提单（B/L），是承运人或其代理人收到货物后签发给托运人的，承诺将货物运至指定目的港交付给收货人的书面凭证。

（2）海运提单的作用。

①货物收据（Receipt for the Goods）。

承运人或其代理人签发提单，表明其已按提单上所列内容收到货物，提单是承运人或其代理人收到托运货物后签发给托运人的货物收据。

②海上货物运输合同的证明（Evidence of the Contract of Carriage）。

托运人向承运人或其代理人租船定舱办理托运，承运人和托运人之间的运输合同即告成立，提单是运输合同成立的证明。一份标准格式的提单背面印有运输合同条款，规定了承运人、托运人、收货人和提单持有人之间的权利和义务关系。

③物权凭证（Document of Title to Goods）。

承运人或其代理人在目的港交付货物时，必须凭正本提单才能把货物交给收货人。提单持有人必须凭正本提单才能向承运人提货，谁拥有提单，谁就拥有货物的所有权。即使是真正的收货人，如果不能出示正本提单，承运人也可拒绝其提货请求。作为一种物权凭证，提单可以转让，提单的转让代表提单上所记载的货物的转让。

2.海运提单的主要内容

海运提单是出口结算中最基本的单据之一，一般船公司都印有自己固定格式的提单，虽然各家船公司格式不一，但其具体内容和项目基本一致。一份正本海运提单的内容分为正面内容和背面内容。正面内容包括：

（1）托运人。

托运人（Shipper/Consignor）又称发货人，一般为出口商，也可以是进口商或其他第三方作为托运人。

（2）收货人。

收货人（Consignee）又称提单的抬头，有三种不同的填写方法，分别为记名收货人、空白抬头和指示性抬头。记名收货人提单上填写实际收货人的名称地址，空白抬头提单指示人一栏空白，指示性抬头提单带有“To order”或“To order of a named party”字样。收货人的记载方式不同，提单的可转让性和转让方式也不同。

（3）被通知人。

被通知人（Notify Party）即收货人或其代理人，是货物到达目的港后船公司向其发出到货通知的人。

（4）船名和航次。

提单上还涉及船名和航次（Vessel and Voyage No.）。提单上有时会在船名前出现“Intended”字样，这是因为承运人在内陆收到货物时往往还无法确定货物将装上哪一艘船只，同时也是为了给自己的货运安排留有一定的余地。根据UCP600，如果船名显示“预期船只”（Intended Vessel），则提单上的装船批注必须注明装船日期和实际的装运船只。

（5）装货港和卸货港。

海运提单的运输方式为港至港运输（Port-to-port shipment），信用证项下的海运提单必须注明信用证指定的装货港（Port of Loading）和卸货港（Port of Discharge）。根据UCP600第20条的规定，如果提单没有标明信用证规定的装货港，或显示“预期”字样，则装船批注上除了有装运日期以外，还必须注明信用证中规定地装货港和实际的装运船只。

（6）表明货物已装船的文字或批注。

提单上必须注明货物已经装上指定的船只，它可以由提单上印就的文字（Preprinted Wording）表明，也可以由装船批注（On Board Notation）表明。

（7）唛头。

所有单据上的唛头（Shipping Marks）都必须互相一致。

（8）货物描述。

提单上的货物描述（Goods Description）可使用概括性用语，只要与发票中的货物描述不矛盾即可。

（9）件数、毛重和体积。

提单上的件数（Pieces）、毛重（Gross Weight）和体积（Measurement）应与装箱单保持一致。

（10）正本份数。

实务中正本提单通常签发一式三份，UCP600第20条规定，全套提单可以是一份或一份以上的正本。由于提单是物权凭证，在提单上注明所签发的正本份数（No. of Original B/L（s） Issued）可以使提单受让人了解全套正本提单的份数，保护受让人的权益。

（11）运费交付情况。

提单上一般不填写运费的实际金额（Freight as Arranged），而是表明运费是否已经支付，常见的有“Freight Prepaid”和“Freight to Collect”。提单上运费是预付还是到付取决于商业发票中价格术语的使用，如果发票中显示CFR或CIF价，运输单据上却显示Freight Collect是不能接受的。

(12) 海运提单签发地点和日期。

海运提单签发地点和日期(Place and Date of Issue)是承运人接管或装运货物的地点和日期。

(13) 签章。

提单只有经过签章(Stamp and Signature)才能生效。UCP600规定，提单正面要注明承运人的名称，并由承运人、船长或他们的代理人签字或证实。常见的证实方法有:“As Carrier; As Agent for the Carrier xxx; As Master; As agent for Master xxx”。

3.海运提单的主要种类

海运提单可以从不同的角度进行分类:

(1) 根据货物是否已装船区分。

①已装船提单。

已装船提单(Shipped on Board B/L)是货物装上指定船只后承运人或其代理人向托运人签发的提单，提单上有具体的船名、航次和装船日期。承运人签发已装船提单表明他确认货物已装上船。信用证项下受益人提交的提单必须是已装船提单，否则，银行不予接受。如果是一份印就的已装船提单，提单签发日就是货物的装运日期。

②收妥待运提单。

收妥待运提单(Received for Shipment B/L)又称“备运提单”，是承运人收到货物等待装船或装船尚未完毕期间，向托运人签发的提单。当货物装船后，经过有效的“装船批注(On Board Notation)”，收妥待运提单可转化为已装船提单。

(2) 根据提单上是否有不良批注区分。

①清洁提单。

清洁提单(Clean B/L)是托运的货物表面状况良好的提单。提单一般都有印就的条款，表明货物“in apparent good order and condition”，只要承运人在提单上没有作出任何相反的批注(如货物污损、包装残缺等)，该提单就是清洁提单。信用证项下要求受益人提交的海运提单一般是“Clean on board Bill of Lading...”。所以，运输单据必须是“清洁的”，否则，银行不予接受。

②不清洁提单。

不清洁提单(Unclean B/L; Foul B/L)是承运人在提单上加注货物或包装表面存在缺陷的提单。表面状况是指货物的外包装或外观，不涉及货物的内在质量。常见的不清洁批注有:包装不坚固、包装破裂、货物渗漏等。

(3) 根据提单收货人区分。

①记名提单。

记名提单(Straight B/L)指提单上的收货人(Consignee)栏内有记名收货人且只能由该记名收货人提货的提单。承运人只能将货物交给提单上指定的收货人。此类提单是不可流通转让的，因而可以避免提单转让带来的风险，但同时也失去了通过转让提单来转让货物的便利性。

②不记名提单。

不记名提单（Open B/L；Blank B/L；Bearer B/L）又称来人提单或空白指示提单，是提单收货人栏内没有指定任何收货人的提单。不记名提单无须背书即可转让，任何持有提单的人均可以提货。

③指示提单。

指示提单（Order B/L）指抬头带有“Order”字样的提单。指示提单通过背书可以转让，分为记名指示和不记名指示两种。记名指示为“To order of + 出口商或进口商或XXX银行”，转让提单时指示人即“出口商、进口商或XXX银行”必须背书。

（4）根据提单内容的完整性区分。

①全式提单。

全式提单（Long Form B/L）又称繁式提单，是正反两面都有详细内容记载的提单。正面记载货物的装运细节，如品名、数量、毛重、船名、航次、起运港、目的港等内容。背面记载承运人和提单关系人之间的权利和义务的条款，一般事先印就。实务中使用的提单通常是全式提单。

②简式提单。

简式提单（Short Form B/L）又称短式提单，是只有正面内容的记载而无背面详细运输条款的提单。这种提单多见于租船提单，受租船合约的约束。

（5）根据船舶营运方式区分。

①班轮提单。

班轮提单（Liner B/L）是班轮运输方式下承运人或其代理人签发的提单。班轮提单有印就的格式，合同条款相对固定。班轮运输有固定的航线、固定的停靠港口、固定的船期以及固定的费率。实务中使用的港至港提单通常是班轮提单。

②租船提单。

租船提单（Charter Party B/L）是租船合同下承运人或其代理人签发的提单。租船提单是一份简式提单，租船运输没有固定的航线、停靠港口、船期及运费，租船合同需由承租人（托运人）和出租人（承运人）另行签订，在租船提单正面一般注明“所有条件和条款根据某年某月某日签订的租船合同”（All terms and conditions as per charter party dated...）。

（6）根据提单有关时间区分。

①预借提单。

预借提单（Advanced B/L）是承运人应托运人的要求，在货物尚未装船或装船尚未完毕的情况下，预先签发的“已装船”提单。托运人在未能按时装运货物的情况下从承运人处“预借”提单，以便在合同或信用证规定的期限内交单取款。

②倒签提单。

倒签提单（Anti-dated B/L）是承运人应托运人的要求，在货物装船以后以早于货物实际装船的日期作为提单签发日期的提单。托运人要求“倒填日期”签发提单，也是为了赶上合同或信用证规定的最迟装运日期。预借提单和倒签提单都掩盖了提单签发时的真实情况，带有一定的欺骗性，承运人要承担由此而产生的风险。

③过期提单。

过期提单（Stale B/L）是迟于货物到达目的港才抵达收货人的提单或迟于提单签发日后21天才交到银行的提单。一般情况下，进口商不愿意接受过期提单，因为由于不能及时提货往往要多支付仓储费和滞港费。但是在邻近国家之间的贸易中，由于航线短，经常会出现提单过期的情况，因此有的信用证中会规定过期提单可以接受（Stale B/L is acceptable）。

④正常提单。

正常提单（Fresh B/L）是承运人在正常情况下签发的，且在货物运达目的港之前已交给收货人的提单。这是受益人向银行交单议付和银行凭以付款的重要单据。

（7）根据是否转运区分。

①直达提单。

直达提单（Direct B/L）又称直运提单，货物在起运港装上指定船只后，中途不转船直接运抵目的港卸货的提单。

②转运提单。

转运提单（Transhipment B/L）又称转船提单，货物在起运港装上指定船只后，不直接运抵目的港，而需在中转港卸下原装船只再装上另一船只运抵目的港的提单。转运会增加货物受损的风险与装卸费用，延长货物在途时间，有的信用证明确规定不允许转运（Transhipment not allowed）。

③联运提单。

联运提单（Through B/L）是货物在中转港转船或转用其他运输工具运抵最终目的地的提单。联运包括海海、海陆、海空、海河等多种方式。如果是海海联运，该提单就是转运提单。

（8）其他种类的提单。

除以上分类外，实务中还使用下列提单：

①集装箱提单。

集装箱提单（Container B/L）是使用集装箱装运货物所签发的提单。集装箱运输是适应货物成组化运输的需要而产生的运输方式，它大大提高了货物的装卸速度，而且可以实现门到门的服务，已成为国际货物运输中不可缺少的一种运输方式。

集装箱提单上常见的术语有：

FCL（Full Container Load）：整箱货，指箱内货物是同一个托运人和收货人的。

LCL（Less than Container Load）：拼箱货，当一个托运人的货不够装一整箱时，与其他托运人的货拼凑在一起，装一整箱，箱内货物不属于同一货主。

CY（Container Yard）：集装箱堆场，指专门堆放集装箱而不办理装拆箱业务的场所，是整箱货办理收付的场所。

CFS（Container Freight Station）：集装箱货运站，指办理集装箱货物装拆业务的场所，由承运人装箱或拆箱的拼箱货，在货站办理收付。

②运输代理行提单。

运输代理行提单（House B/L；Freight Forwarder' s B/L）又称货代提单、无船承运人提单，是由运输代理行（又称货运代理人）出具的提单。货运代理人将不同托运人的货物承揽后向船公司订舱，由承运人向其签发主提单（Master B/L），即船公司的海运提单，他再以自己的名义签发分提单（House B/L）给不同的托运人。船公司出给货代的主提单（Master B/L）上的发货人（Shipper）和收货人（Consignee）分别是货代自己和货代在目的港的代理人，而货代出给客户的分提单（House B/L）上的发货人和收货人是实际的托运人和收货人。

③电子提单。

电子提单（Electronic B/L）相对于"纸质提单"而言，是适应电子数据交换（EDI）技术的发展而产生的通过电子计算机传送海上货物运输电子数据的单据。通过计算机，提单信息被转换为电子信息在网络上传递，接受方计算机收到该电子信息后又将其重新转换为提单信息。提单的签发、修改、转让、传递都是通过特定的密码在计算机中进行。电子提单具有安全、正确、效率高、速度快等优点，但其推广使用涉及网络技术问题、人员培训问题和管理水平问题。1990年6月29日，国际海事委员会第三十四次大会通过了《国际海事委员会电子提单规则》，对电子提单的使用进行了规范。

（9）海运提单的转让。

如前所述，海运提单是一种物权凭证，提单的转让可以带来物权的转让，提单持有人通过转让提单转卖货物。但并不是所有的海运提单都可以转让。海运提单能否转让以及如何转让取决于提单的抬头，即提单收货人一栏。根据收货人的不同，提单可以分为记名提单、不记名提单和指示提单。记名提单不能转让；不记名提单无须背书凭交付即可转让；指示提单通过背书和交付进行转让。提单的转让无须征得承运人的同意，也无须通知承运人。提单转让的权利包括提单下货物的所有权和提单所体现的运输合同下托运人对承运人享有的权利。

提单的背书有两种：一种是空白背书，一种是记名背书。

①空白背书：在正本提单的背面加上出口商的签章，该签章必须与所有其他单据上的签章一致。如果合同或信用证要求提单"Blank Endorsed"或"Endorsed in Blank"，或者对背书没有特别规定时，应做成空白背书。空白背书表明托运人将提货权利转让给任何持有提单的人。

②记名背书：在正本提单的背面打上"To the order of xxx"，然后在下面加上出

口商的签章，该提单就转让给指定的当事人“xxx”，它可以是银行，也可以是进口商，根据双方的约定确定。记名背书必须连续完整才能构成有效的转让。记名背书表明托运人将提货权利转让给指定人。

（四）不可转让海运单

海运单最大的特点是“不可转让”（Non-negotiable），货物只能交给海运单上指定的“收货人”（Consignee），收货人不能凭海运单再次转让或出售货物。和海运提单一样，海运单是海洋运输中承运人出具的货物收据，也是海上货物运输合同的证明，但两者有着本质上的区别，海运单不是物权凭证，不能流通转让，也不能凭以提取货物（类似的还有空运单据、公路、铁路或内河运输单据）。

（五）空运单据

空运单据又称航空运单（Air Consignment Note）。航空运输由于速度快、货物在途时间短、货物损坏率低等优点，特别适用于鲜活易腐商品、季节性商品、贵重物品以及一些急需物资的运送，但航空运输运量小，运输成本及费用高。

1.空运单据的种类

根据出单人的不同，空运单据分为以下两种：

（1）航空总运单。

航空总运单（Master Air Waybill，MAWB）是由航空公司签发（Air carrier）的航空运单，又称航空主运单。它是航空公司（作为承运人）和托运人或航空货运代理公司（作为托运人）之间订立的运输契约，是航空公司接受和发运货物的依据。

（2）航空分运单。

航空分运单（House Air Waybill，HAWB）是由航空货运代理公司（Freight forwarder）签发的航空运单，是航空货运代理公司办理集中托运业务时签发给每一个托运人的收货凭证。它是航空货运代理公司和托运人（真正的货主）之间订立的运输契约。一个总运单下可以只有一个分运单，也可以有多个分运单，如果一个MAWB下有10个HAWB，说明该总运单下的货物发给10个不同的收货人。航空分运单中通常会显示“HAWB No.”和“MAWB No.”。

2.空运单据的正副本

正本空运单据一式三份，每份背面都有印定的运输合同条款。和海运提单不同的是，这三份正本不是全部签发给托运人的，而是各有各的用处。一份正本由航空公司留存，作为记账凭证；一份正本随货同行，在货物到达目的地时交给收货人；第三联蓝色的正本“ORIGINAL 3（FOR SHIPPER）”，交给托运人，是承运人或其代理人签发给托运人表明已收妥货物并接受托运的凭证，这也是出口商向银行交单的唯一正本。由于托运人在货物交付收货人之前都有权更改空运单上的收货人，开证行为了控制货物在运输途中变更收货人而出现的风险，通常要求信用证项下提交第三联正本作为交单议付的单据之一。副本空运单份数根据需要决定，分别用作报关、代理、财务结算、中转分拨等用途。

（六）其他运输单据

1.公路、铁路或内河运输单据

公路、铁路、内河运输三种方式在国际贸易中所占份额较少。随着集装箱运输的普及，国际铁路货物运输和公路运输得到了一定的发展，内河运输在国际贸易中仍然不多见。和空运单据类似，这三种单据都是承运人收到货物后签发的货物收据，也是托运人和承运人之间运输合同的证明，记载了双方在货物运输中的权利、义务和责任，但它们不代表货物所有权，不能流通转让，也不能凭以提货。

2.专递收据

专递收据是特快专递公司收到寄件人的邮件后签发的凭证。特快专递由专人负责寄送邮件，具有安全、准确、迅速的优点，比普通航邮更为快捷，快递公司出具专门格式的快递收据，收据上必须有快递公司的签字。

国内经营该项业务的机构有：

（1）DHL（DHL Courier Service）：中外运-敦豪国际航空快件有限公司是敦豪公司（美国）在中国成立的一家合资公司，开办的DHL快递业务在我国的航空快递业中占据领先地位。

（2）UPS（United Parcel Service）：联合包裹服务公司（美国）是世界上最大的快递承运商和包裹递送公司，1998年UPS进入中国市场。

（3）FEDEX（FEDEX Express）：联邦快递（美国）是全球最具规模的快递运输公司，为全球超过220个国家及地区提供快捷、可靠的快递服务。

（4）TNT（Thomas Nationwide Transport）：天地快运（荷兰）为全世界200多个国家的客户提供快捷可靠的门到门快递服务。TNT中国是TNT集团在中国的分支机构，服务范围覆盖中国600多个城市。

（5）EMS（International Express Mail Service）："国际特快专递"是我国邮政部门开办的快递业务。

3.邮政收据

邮政收据是邮政部门收到寄件人的邮件后签发的凭证。邮政收据上必须有发运地的戳记并加注日期，该日戳是出口商的实际交货日期，不能晚于合同或信用证规定的最迟装运期。

（七）运输单据审核要点

运输单据审核要点包括：

（1）签发的全套正本已提交；

（2）不是租船合约运输单据，除非合同或信用证特别授权；

（3）不是运输代理行出具的运输单据；

（4）收货人符合合同或信用证要求；

（5）如果运输单据要求背书，已做适当背书；

（6）显示托运人或其代理人的名称；

（7）被通知人的名称和地址（如有）符合合同或信用证的要求；

（8）货物描述与信用证规定基本一致，唛头等内容与其他单据上出现的一致；

（9）根据合同或信用证条款的规定，已付或代收的运费在单据上显示；

（10）运输单据上没有出现使单据不清洁的条款；

（11）UCP600相关运输条款中规定的所有其他条件都已符合。

三、保险单据

（一）保险单据的概念和作用

保险单据是保险人对被保险人承担保险责任的书面证明。它是进出口结算中常见的单据之一。出口货物保险是由出口商还是进口商办理取决于贸易术语的使用。以FOB、CFR、FCA或CPT价格成交的货物由进口商办理保险，以CIF或CIP条件成交的货物由出口商办理保险，是出口商必须向进口商提交的出口单据之一。

1.保险单据是保险合同的证明

保险单据是保险人和被保险人之间签订的保险合同的证明，反映保险人和被保险人之间的权利义务关系。保险人有收取保费的权利，当被保险货物遭受损失时，保险人对承保责任范围内的损失承担赔偿责任。被保险人有支付保费的义务，在货物遭受损失时，有权根据保险合同获得赔偿。

2.保险单据是保险公司理赔和被保险人索赔的主要依据

保险单据是货物在运输途中出险后保险公司向被保险人承担赔偿责任的主要依据。被保险人及其受让人在索赔时必须出示保险单据以证明其保险权益。

（二）保险单据的当事人

1.保险人

保险人（Insurer）是保险合同中与被保险人签约的一方。它有取得保险费的权利，也有根据承保责任赔偿的义务。以保险人身份经营业务的机构有：

（1）保险公司（Insurance Company）是以公司名义注册的经营保险业务的组织。

（2）保险代理人（Insurance Agent）是受保险人委托，代表保险人的立场和利益，在市场上承接和洽谈保险业务的当事人。在国际货运保险中，索赔往往在不同于保险人所在地的卸货地提出，因此保险人常需委任代理人进行理赔，此类代理人称为理赔代理人（Claim Settling Agent）。

（3）保险商（Underwriter）指个体的保险经营人，是英国特有的保险人。英国保险法允许劳合社（Lloyd's Institute）的成员以个人名义经营保险业务。

（4）保险经纪人（Insurance Broker）是代理被保险人投保，赚取佣金的中间人。保险经纪人受理保险业务时，对被保险人签发暂保单（Cover Note），然后再向保险公司投保，因而暂保单并非保险合同，只是一种代办约定。保险经纪人是代表投保人的利益进行活动的。

2.被保险人

被保险人（the Insured）是与保险人相对应的当事人，是保险合同的受益人。在货运保险中，被保险人往往与投保人是同一人，可以是出口商，也可以是进口商。

（三）海上运输保险的险别和保险条款

保险险别是确定保险人（即保险公司）和被保险人（即投保人）权利义务的条款，也是保险人承保责任范围和被保险人交纳保费的依据。不同的保险险别下，保险人承担的责任不同，被保险人在货物受损时得到的补偿也不同。保险人承担的保险责任是通过保险条款加以规定的，各国保险公司都会制定相应的保险条款或采用国际保险市场上通用的保险条款。

1.保险险别

根据1981年1月1日生效的《中国保险条款》（China Insurance Clause，CIC）的规定，海洋运输货物保险的险别可分为基本险和附加险两大类。

（1）基本险。

基本险是保险人对承保货物承担最基本保险责任的险别，是投保人必须投保而且可以单独投保的险别。基本险有三种：平安险、水渍险和一切险。

①平安险（Free From Particular Average，F.P.A.）：又称单独海损不赔险，是保险人承保责任最小的一种基本险。平安险承保范围包括：海上风险造成的全损；海上风险造成的共同海损；意外事故造成的单独海损。

②水渍险（With Particular Average，W.P.A.或W.A.）：又称单独海损负责赔偿险，保险人的承保责任要大于平安险。水渍险包含了平安险的承保范围。水渍险的承保范围包括：海上风险造成的全损；海上风险造成的共同海损；意外事故造成的单独海损；自然灾害所造成的单独海损。

③一切险（All Risks，A.R.）：保险人的承保责任要大于水渍险，是保险人承保责任最大的一种基本险。一切险的承保范围包括：海上风险造成的全损；海上风险造成的共同海损；意外事故造成的单独海损；自然灾害所造成的单独海损；一般外来原因所造成的损失。一切险包含了水渍险、平安险的承保范围，还包括一般附加险。

我国的“海洋运输货物保险条款”对上述险别的责任范围作出了明确的规定。

（2）附加险。

附加险是对基本险的补充，是投保人投保基本险之后，又增加投保的险别。附加险不能离开基本险而单独投保。附加险分为一般附加险和特殊附加险。

如果已经投保了“一切险”就不需要再投保一般附加险，因为“一切险”的范围已经包括一般附加险了。但“一切险”并非承保一切风险造成的损失。特殊附加险不属于“一切险”的责任范围，如有必要，需另行投保并支付保费。投保水渍险或平安险不包含任何附加险，根据需要，投保人可再加保某种或某几种一般附加险，并要加付保费。

①一般附加险。

A.偷窃提货不着险（Theft， Pilferage and Non-Delivery Risk ，TPND）；

B.淡水雨淋险（Risk of Fresh Water and /or Rain Damage，FWRD）；

C.碰损破碎险（Risk of Clash and Breakage）；

D.渗漏险（Risk of Leakage）；

E.钩损险（Risk of Hook Damage）；

F.混杂玷污险（Risk of Intermixture and Contamination）；

G.生锈险（Risk of Rusting）；

H.短量险（Risk of Shortage）；

I.串味险（Risk of Odor）；

J.包装破损险（Risk of Damage Caused by Breakage of Packing）；

K.受潮受热险（Risk of Damage Caused by Sweating and / or Heating）。

②特殊附加险。

A.战争险（War Risk）；

B.罢工暴动民变险（Risk of Strikes， Riots and Civil Commotions ，SRCC）；

C.交货不到险（Risk of Failure to Delivery）；

D.舱面险（On Deck Risk）；

E.拒收险（Rejection Risk）；

F.黄曲霉素险（Aflatoxin Risk）；

G.进口关税险（Import Duty Risk）。

免赔率（Franchise）指损失超过一定比例后，保险公司赔全部损失，如未超过则不赔。如果免赔率为5%，投保金额为10 000美元，那么500美元以下的损失由被保险人承担，500美元及以上的损失由保险人承担全部责任。

免赔额（Excess）又称扣减免赔额（Deductible），指保险公司赔偿超过的部分，即赔偿受损额减去免赔额后的部分。根据免赔额条款，上例中500美元及以下损失由被保险人承担，保险人承担的损失最大为9 500美元。

不计免赔率（Irrespective of Percentage，IOP），指货物受损后不论程度多少，损失多少就赔多少。这个条款适用于一些易碎商品，如瓷器、玻璃制品等。该条款的保险费较高。

2.保险条款

在我国的对外贸易实务中，使用较多且在国际上具有一定影响和权威性的保险条款主要有下列两种：

(1)《伦敦保险商协会货物条款》。

《伦敦保险商协会货物条款》(The Institute of London Underwriters Cargo Clauses

（1982），ICC）是国际货运保险市场上影响力最大的保险条款，被世界各国广泛采用。现行条款是2009年修订的，是对1982年的文本进行的修订。据统计，目前世界上2/3的国家或地区在海上保险业务中采用这一条款。ICC主要条款包括：

①协会货物条款（A）：ICC（A）相当于一切险。

②协会货物条款（B）：ICC（B）相当于水渍险。

③协会货物条款（C）：ICC（C）相当于平安险。

ICC（A）款承保范围最大，ICC（B）款次之，ICC（C）款承保范围最小。

（2）《中国人民保险公司海洋运输货物保险条款》。

《中国人民保险公司海洋运输货物保险条款》即中国人民保险公司制定的《中国保险条款》（China Insurance Clauses，简称CIC），目前使用的是2009年的修订条款。险别分为基本险和附加险。投保人在投保基本险的同时，可根据需要加保一种或几种附加险，但如果投保了一切险，就已包含一般附加险的内容。

（四）保险单据的基本内容

保险单据各项内容必须和商业发票及其他单据相关内容一致。在CIF或CIP条件下，保险单据的形式和内容必须符合合同的要求，在信用证方式下，还必须符合信用证的有关规定。一份正本的保险单包括正面和背面两部分内容。正面是有关某一笔保险交易的细节性内容，背面事先印就的内容是保险合同条款，列有保险人的责任范围、免责事项，以及合同双方权利和义务等方面的详细内容。保险单据正面记载内容如下：

1.保险公司名称

保险公司名称（Insurance Company）出现在保单的正上方，各家保险公司均在保单上事先印就本公司名称、地址。

2.保险单据名称

保险单据名称（Name of Document）是指具体险别名称，如"货物运输保险单"（Cargo Transportation Insurance Policy）。

3.保险单号码

保险单号码（Policy No.）指保险单的流水号，一般由保险公司按顺序编号。

4.被保险人

被保险人（The Insured）在CIF或CIP条件下为出口商，FOB、CFR条件下为进口商。如果是出口商，在交单前要在保单背面背书，以转让保险权益（见下面保险单据的转让）。如果合同或信用证对被保险人有特别的规定，则按要求填写。

5.标记

标记（Marks and Numbers）指货物的唛头，应与提单、发票一致，为方便起见，可打上"AS PER INVOICE NO. XXX"。

6.包装及数量

包装及数量（Packing and Quantity）栏填写重量或件数及包装单位。有包装但以重量计价的应同时填写件数和重量。

7.保险货物名称

保险货物名称（Description of Goods）按发票中货物的品名填写，如果发票品名繁多，保单可填写统称或简称，只要与发票中的品名不矛盾即可。

8.保险金额

保险金额（Amount Insured）一般为发票CIF或CIP金额的110%，这加成的10%是补偿进口商的费用和预期利润的。具体的投保比例可由进出口双方约定，但加成一般不宜超过30%，否则应征求保险公司的同意。保单上的金额应同时用大小写表示，币种要与其他单据一致。如果发票上显示预付款、佣金或折扣，应按扣除预付款、佣金或折扣前的金额投保。

9.保费

保费（Premium）一般不直接注明，填写“As Arranged（按约定）”。

10.发票号或提单号

发票号或提单号根据发票或提单填写。保险索赔时一般需提供发票，这两种单据要互相对应。

11.运输工具

运输工具（Per Conveyance）主要涉及的是海运。海运必须注明船名和航次，与提单一致。船名前有时会出现“S.S.”字样，是“Steamship”的缩写。其他运输方式可表示为“By Air”、“By Train”和“By Truck”等。

12.起运日期

起运日期（Date of Commencement）应填写运输单据上的实际装运日期，如在缮制保险单时，提单尚未签发，可填写“As Per B/L”。

13.运输起讫地

运输起讫地（From...to...）应与运输单据记载一致。

14.承保险别

承保险别（Terms and Conditions）应严格按合同或信用证规定的险别投保。这是保单的核心内容，也是发生货损时确定保险人责任范围的主要依据。除注明险别外，最好还应注明险别适用的保险条款。

15.保单份数

如果保险单据上显示签发的正本在一份以上，则涉及保单份数（No. of Originals Issued）问题，所有正本必须都提交给银行。保险单据可以签发一份正本，但实务中以签发两份正本居多。

16.保险代理人

保险代理人（Claims Settling Agent）是受保险人委托在货物出险后处理理赔事宜的代理人，一般为目的地的代理人。保险单上会详细注明代理人的名称地址，以便收货人联系查找。

17.赔付地点

一般选择目的地作为赔付地点（Claim Payable at），如果合同或信用证中另有规定，按要求填写。

18.保单签发日期

保单签发日期（Date of Issue）是保险公司责任生效的日期，因此不能晚于运输单据所记载的货物装船、发运或接受监管日。

19.保险人签章

保险人签章（Authorized Signature）是指UCP600第28条规定保险单据必须由保险公司、保险商或他们的代理人或代表出具并签署。代理人或代表的签字必须表明其系代表保险公司或保险商签字。

（五）保险单据的种类

1.保险单

保险单（Insurance Policy）又称大保单，是最正式、最常用的保险单据，正反两面都有详细内容的记载，正面主要记载被保险人名称、被保险货物名称、承保险别、保险金额等内容，背面是保险合同，列有保险人的责任范围以及合同双方权利与义务等方面的详细条款。我国国内保险公司出具的均是保险单。

2.保险凭证

保险凭证（Insurance Certificate）又称小保单，是简化了的保险单，除了背面没有印定合同条款外，其余内容均和保险单相同，与保险单具有同等效力。实务中使用不多。

3.预约保单

预约保单（Open Cover）又称开口保险单，是一种长期性的货物运输保险合同，保险公司对约定的最高金额以内的货物在合同有效期内自动承保。预约保单可以简化保险手续，减少逐笔投保逐笔签订保险合同的手续，还可以防止货物因漏保或迟保所造成的损失，适合有长期国际贸易业务的进出口商。在货物每次出运以后保险公司不再另行签发保险单据。为了满足出口商向银行交单结汇的需要，保险公司会签发预约保险下的保险证明或保险声明。

4.联合保险凭证

联合保险凭证（Combined Insurance Certificate）又称承保证明，是一种更为简化了的保险凭证。保险公司在商业发票的空白处加列保险编号、险别、保险金额、运输工具、起运日期等，并加盖保险公司印章。这种保险凭证不能转让，在实务中很少使用，也不符合国际结算中单据一一对应的要求，特别是信用证中有时会规定不接受联合单据（Combined documents are not acceptable）。

5.暂保单

暂保单（Cover Note）是指保险经纪人签发的一种单据。投保人除了直接向保险公司投保外，还可以通过保险经纪人投保。保险经纪人接受投保人的委托后向其签发暂保单。暂保单不具有保险单的作用，被保险人不能凭以向保险公司索赔，保险公司对保险经纪人签发的暂保单不承担任何责任。

（六）保险单据的背书转让

保险单据是一种权利凭证，保险单所代表的保险权益可以通过背书或其他方式进行转让。但是保险单所代表的保险权益只是一种潜在的权益，只有在货物发生实际损失时，被保险人才享有保险权益。保险单据的转让无须征得保险人的同意，也无须通知保险人。

（七）保险单据审核要点

（1）根据合同或信用证的要求提交了保险单或保险凭证或保险声明或暂保单；

（2）提交了签发的全套保险单据；

（3）由保险公司或保险商或它们的代理或代表出具并签署，并且有被保险人的签字，如果保险单据这样要求；

（4）保险单据签发日期或保险生效日期最迟为已装船、发运或接管货物的日期；

（5）货物保险金额符合合同或信用证的要求或符合UCP600第28条f款的规定；

（6）币种与合同或信用证相同，除非另有规定；

（7）货物描述与发票一致；

（8）承保货物从指定装运港或接受接管地到卸货港或交货地点的运输；

（9）投保了合同或信用证规定的险种，并且这些险种有明确的界定；

（10）唛头等内容与运输单据一致；

（11）如果被保险人是出口商，保险单必须背书；

（12）单据上显示的所有其他信息与其他单据一致；

（13）如果单据中有修改必须是经过证实的。

四、其他单据

（一）产地证

产地证是证明出口货物原产地或制造地的书面文件，供进口国海关采取不同的进口管制政策和关税待遇。根据签发人的不同，产地证分为以下几种：

1.普惠制原产地证

普惠制原产地证又称Form A产地证，全称为Generalized System Of Preferences（G. S.P.）Form A。普惠制即普遍优惠制，是发达国家（给惠国）对发展中国家（受惠国）给予单方面关税优惠的一种普遍的、非歧视的和非互惠的国际性制度。受惠国向给惠国出口规定的商品时，必须出具普惠制产地证才能享受约定的关税优惠待遇。

2.一般原产地证

由各地出入境检验检疫部门或中国国际贸易促进委员会（简称中国贸促会）出具，证书全称为“CERTIFICATE OF ORIGIN OF THE PEOPLE’s REPUBLIC OF CHI-

NA”。中国国际贸易促进委员会（China Council for the Promotion of International Trade，CCPIT）是对外办理有关事务的中国商会。

3. 出口商原产地证

这是由出口商自行签发的产地证。如果合同或信用证没有具体规定由谁来签发产地证时，出口商可以自己出具产地证，也可以直接在商业发票上加注原产地证明的文句（This is to certify that the goods are produced in China.）。有些国家和地区不允许产地证明联合写在商业发票上，则应单独出具产地证。

（二）检验证书

检验证书是商检机构对进出口商品的品质、数量、重量、卫生、等级、性能、技术指标等进行检验或鉴定后，根据实际检验结果出具的证明文件。进出口商品检验是国际贸易中的一个重要环节，也是一个国家为维护国家安全、国民健康，保护自然环境而采取的一项措施。世界各国一般都设有专门的检验检疫机构，也产生了一些著名的、被许多国家认可的检验机构，我国的官方检验机构是国家出入境检验检疫局。

（三）装箱单和重量单

1. 装箱单

装箱单是说明货物包装情况的单据，记载货物的名称、规格、数量、唛头、件数、毛重、净重和尺码等内容。出口货物除散装货外，一般都要求提供装箱单。装箱单上不应显示商品的单价和总值。

2. 重量单

重量单是说明货物重量情况的单据。以重量为计价单位的货物需要出具重量单，除装箱单上的内容外，还应列明每件货物的毛重、净重以及货物总的毛重和净重。

装箱单和重量单是对商业发票的补充说明，是海关、检验机构和进口商核对货物的依据，是商业单据中的重要单据。

（四）受益人证明

受益人证明又称“受益人声明”（Beneficiary's Statement），是由信用证项下受益人根据信用证的要求出具的证明，表明自己已经按照信用证的要求履行相关义务。受益人证明的内容可以非常广泛，常见的有“寄单证明”“寄样证明”，此外，还包括货物符合合同要求，已发装运通知等证明。

1. 寄单证明

寄单证明是出口商在货物装运后的一定期限内，将全套或部分副本单据（有时包含正本单据）寄给进口商后出具的证明。

2. 寄样证明

寄样证明是出口商将即将装运的货物样品寄给进口商以后出具的证明。

（五）船舶公司证明

船舶公司证明是由船公司或承运人出具的，证明船舶的国籍、船级、船龄等内容的单据。根据业务需要，有不同的种类。常见的有：

1.船籍证明（Certificate of Vessel's Nationality）

阿拉伯国家开来的信用证中，往往规定禁装以色列籍船只，其航程不得停泊以色列港口。

2.船龄证明（Certificate of Vessel's Age）

进口商为了保障船只及货物在运输途中的安全，会要求出口商装运货物的船只不超过15年船龄，并提供相应的证明。此外，有些国家要求到达卸货港的船舶船龄不超过15年，许多保险公司对15年以上的超龄船不予承保。

3.班轮公会船只证明（Conference Line Certificate）

班轮公会是一些班轮公司为达到航线垄断、控制运价的目的建立的联盟。为了维持自己的利润，在同一航线上或相关航线上经营班轮运输的公司自愿组合成班轮公会。公会成员共同制定船期表、运价，并在成员之间分配载货比例。这种机制通过避免航线过于拥挤和激烈的价格竞争来确保船公司的利润。

4.船级证明（Certificate of Classification）

船级证明是说明载货船舶符合一定船级标准的证明。该证明由船舶检验机构出具，反映船舶的技术状况和营运性能，关系到船舶保险的保费和租金的高低。

（六）装船通知

装船通知是出口商装运货物后在规定时间内将装运情况通知进口商的书面文件。该通知一般以电讯方式发出，主要目的是便于进口商安排卸货、租仓和保险等事宜。在FCA、FOB、CFR、CPT价格条件下，出口商必须及时向进口商发出装船通知，也可以根据进口商的要求直接将装船通知发给保险公司。如果进口商办理的是预约保险单，保险人和被保险人签订的保险合同只规定总的保险范围、货物种类、运输方式、险别和费率等内容，货物起运后进口商应立即将装运细节通知保险公司。装船通知中应包括货物的品名、船名、航次、起运港、目的港、装运日期、预计到达时间、提单号码、发票号码和金额等内容。

第二节 单证业务实验原理

一、建立买卖合同

出口方装运后，以提交合格的单据来完成“交货”义务。合同是买卖双方履行义务的依据。虽然以信用证为支付方式的合同一般不会列明单据条款，但是合同中仍有许多条款内容，直接或间接地与单据操作有关。因此，双方——尤其是出口方——在签订合同时，有必要仔细考虑、充分斟酌，以避免尽管买方开来的信用证条款与合同规定相符，但出口方无法操作或需要支付额外费用的状况。比如，办理运输时，货物名称的繁简可能会影响运费费率的等级。例如，按一般运价表，“电容器”按W／M10级计费，而“陶瓷电容器”按W／M6级计费；“柴油机及零件”按W／M10级计费，而“拖拉机用柴油机及零件”按W／M9级计费。如果签订合同时商品名称考虑欠周，根据按合同中商品名称开来的信用证操作单据，就可能使出口方支付较高的费用。比如，危险品和活牲畜必须装舱面，如果涉及此类商品，但合同中却无相应的规定，信用证也可能不会有接受舱面货提单的规定，但按UCP600，除非另有规定，否则银行不接受舱面货提单。

二、备货

合同签订后，出口方应该按合同规定组织货源，及时备齐货物。此时，排好合理的跟单计划非常重要。开立信用证将使买方用作开证押金的资金或授信额度被占用，资金周转较困难的买方可能会有意或无意地延迟开证。因此，出口方在抓紧备货的同时，应该适时提醒或敦促买方及时开证，以便整个合同顺利履行。出口方收到信用证后必须认真审核。如果信用证中含有无法接受的条款，出口方应该及时联系买方，修改信用证。

三、商检

货物备齐并且落实信用证后，如果属法定检验商品，出口方应持填写好的有关申请单或报验单、出口报关单、发票和装箱单（如需要，还应持合同及信用证的复印件），一般至少在报关或装运前10天，向出入境检验检疫机关报验。如检验合格，检验机构根据出口方申请时的要求，出具检验证书或放行单，或在报关单上加盖放行章。对于普通商品的装运，检验结论的有效期为两个月；对于鲜活商品的装运，有效期仅为两周。

如果合同约定客检，出口方有关人员一定要适时、及时地敦促买方派员，及时联系生产厂，争取全程陪同外方检验人员，及时完成检验并获取客检证书。

四、申请签发产地证及／或许可证

如果涉及产地证及／或许可证，除某些产地证外，出口方一般最迟应该在货物报关或出运前三天，持填写好的申请书、全套产地证及／或许可证，并提供有关发票、装箱单以及合同和信用证副本，要求有关出证机构签章。申请签发产地证时，如果出口商品含进口成分，出口方还须提供“含进口成分产品加工工序成本明细单”等；如果属来料加工或进料加工出口的货物，出口方还须提供进口凭证、购货合同或加工合同。申请签发许可证时，出口方必须提供有关许可批文，通常，出口方在建立合同前就应该获得有关商品的出口许可。

五、订舱托运

落实货物和信用证并经商检放行后，出口方按实际可出运的货物数量，根据信用证要求，填写“托运单”，委托对外运输公司或通过货运代理订舱托运。订舱期限因船公司、航线和船期的不同而不同。通常，出口方至少应该在装运前7天办理。如果外运公司能够按出口方要求配船、配舱，它将向出口方签发“装货单”（Shipping Order，简称S/O），注明所配的船名及航次。装货单编号一般就是预留的提单编号。

六、投保

运载工具落实后，出口方即可落实保险事宜。一般来说，可以按具体的货物和信用证的要求填写“投保申请书”（要保单），向保险公司提出投保申请。向有长期业务关系的保险公司投保，有时可以在发票的副本上按信用证规定加注保险要求来办理申请。保险公司核准后，收取保险费，签发保险单据。保险责任至少应自装运日起生效。因此，除非保险单据明确说明，保险单据的签发日期一般不可迟于装运日。

除了出口报关单，出口方在报关前还必须备齐各种报关所需单据，它们包括和货物出口直接相关的商业和货运单据，比如发票、装箱单、装货单以及出口收汇核销单等基本单据。如果货物属按有关法规实施特殊管制的商品，报关时必须提供有关许可批件等特殊单据。另外，出口方还应备好贸易合同、产地证。如果属于代理出口，还应备好委托单位的营业执照等所谓的预备单据，以便海关需要时核查。出口收汇核销单一般先在网上申领，报关前必须向海关备案，货物出口后可以在网上向外汇管理机关交单。

七、报关

按《中华人民共和国海关法》，除海关特许，出口货物应该在运抵海关监管区后，在装运24小时前向海关申报。报关人员应该在报关前通过海关电子自动报关系统进行网上预录入，这样可以大大提高报关效率。海关进行必要的查验，如果放行，在报关单和收汇核销单上加盖“验讫”章，并在装货单上加盖放行章。

海关放行后，货物即可装船。装船时，货方和船方的代表都应在场。装货后，船方代表签发“大副收据”，之后，出口方可以凭该大副收据换取提单。如果装船时货物或其包装表面有缺陷，船方代表在签发大副收据时会相应加注，这就是所谓的不良批注。不良批注在以后签发提单时将相应转注在提单上，构成不清洁提单。情况不严重时，有的出口方可能会和承运人协商，寻求以保函换取清洁提单，以便在信用证下交单。

八、发装运通知

不管信用证有无要求，按《贸易术语解释通则》，在常用的贸易术语下，出口方装运后有义务立刻向买方发出装运通知。如果合同规定，运输由双方同意的货运代理办理，装运通知也可以约定由其发出。

装运后出口方应该及时按信用证要求备齐所需的一切结算单据。先前制备的个别单据，如发票、装箱单等，因装运前的货损货失等原因可能需要进行调整；有的单据，如提单、寄单证明，只能在装运后缮制或获取。

如果某些单据按信用证要求必须签证或合法化，这些单据必须及早备好并送往指定机构签证或合法化。必须注意，有的签证，比如进口国领事签证，除了需要不少的签证费用，往往还需要很长的时间。因此，如果接受这类签证要求，必须做好相应的计划，以免耽误交单。

出口方必须在信用证规定的有效期和交单期内交单。如果信用证未规定交单期，并且如果含有UCP下的运输单据正本，出口方必须在装运后21天内并且不迟于信用证到期日交单。

第三节 单证业务实验内容与步骤

一、缮制相关单证

根据以下制单资料，缮制相关单证：

①客户名称和地址：AL BALOUSHI TRADING EST JEDDAH。

②付款方式：20%T / T BEFORE SHIPMENT AND 80%D / P AT SIGHT。

③装运信息：指定APL承运，装期：2015.04.29；起运港：NINGBO，目的港：JEDDAH。

④价格条款：CFR JEDDAH。

⑤唛头：ROYAL / 05AR22503 l / JEDDAH / C / N：1—460。

⑥货物描述：

P. P INJEC，r10N CASES 14” / 22” / 27” / 31” 230SET@USD 42.00 / SET USD 9 660.00

P. P INJECTION CASES 14” / 19” / 27” / 31” 230SET@USD 41.00 / SET USD 9 430.00

（中文品名：注塑箱四件套）

⑦装箱资料：

箱号货号 包装件数毛重（KGS）净重（KGS） 体积

1—230 ZL0322+BC05CTNS230 18.5 / 4255 16.5 / 3795 34m’

1—230 ZL0319+BC01CTNS230 18.5 / 4255 16.5 / 3795 34m’

⑧合同号：05AR225031；签订日期：2015年3月30日。

⑨商业发票号：AC05AR031。

BILL OF EXCHANGE

凭　　　　　　　　　　　　　　　　　　　　　不可撤销信用证

Drawn Under____________________Irrevocable L/C No.__________

日期

Date__________________支取 Payable With interest@____%__按__息__付款

号码　　汇票金额　　　　　　　　　　　　　宁波　　年　月　日

No. ______________Exchange for__________Ningbo________________

见票_________________日后（本汇票之副本未付）付交

at__________sight of this FIRS To fExchange （Second of Exchange Being unpaid）

Pay to the order of ____

金额

the sum of ____

此致

To__________________________　GREAT WALL TRADING CO.，LTD.

李力

长城贸易有限公司

GREAT WALL TRADING Co.，LTD.

Room 201，HUASHENG? BUILDING，NINGBO，P.R.CHINA

TEL：0574—24704015　FAX：24691619

COMMERCIAL INVOICE

TO：

INVOICE NO.：

INVOICE DATE：

S / C NO.：

S / C DATE：

Marks and Numbers	Number and kind of package Description	Quantity	Unit Price	Amount

Total：

SAY　TOTAL：

GREAT WALL TRADING CO.，LTD.

李力

长城贸易有限公司

GREAT WALL TRADING CO., LTD.

Room 201, HUASHENG BUILDING, NINGBO, P.R.CHINA

TEL: 0574—24704015 FAX: 24691619

PACKING LIST

TO: INVOICE NO.:

INVOICE DATE:

S / C NO.:

FROM: ______________________ TO: ____________

Letter of Credit No.: ____________________ Date of Shipment: ______

Marks and Numbers	Number and kind of package Description of goods	Quantity	Package	G. W.	N. W.	MEAS

total:

SAY TOTAL:

GREAT WALL TRADING CO., LTD.

李力

二、缮制全套单据

下面是一份信用证和有关资料，请认真阅读，并根据信用证要求缮制全套单据。

ISSUE OF A DOCUMENTARY CREDIT

Sender: IBSPITI'M414

*SANPAOID IMIS.P.A

* PAVIA ITALY

Receiver: SOGECN22×××

*SOCIETE GENERALS

*GUANGZHOU, BRANCH

*GUANGZHOU, CHINA

Message Text

27: Sequence of Total

1 / 1

40A: Form of Documentary Credit

IRREVOCABLE

20: Documentary Credit Number

3109 / 1065

31C: Date of Issue

050206FEB.6, 2015

31D: Date and Place of Expiry

050406 CHINA APR.6,2015

50 : Applicant

ARELLA AND C.SPA

PLAZZA COLLEGE CAIROU N.3

27100 PAVIA.ITALY

59 : Beneficiary

GUANGDONG TEA IMP.&EXP.CORP

26—30 / F..GUANGDONG FOREIGN ECONOMICS&TRADE BUILDING

351 TIANHE ROAD, GUANGZHOU, CHINA

32B: Currency Code, Amount

USD (US DOLLAR)

USD 37 636.00,US DOLLARS THIRTY SEVEN THOUSAND SIX HUNDRED AND THIRTY SIX ONLY.)

39A: Percentage Credit Arn't Tolerance

10 / 10

41A: Available with…by…

ANY BANK BYNEGOTATION AGAINST, THE DOCUMENTS DETAILED-HEREIN AND BENEFICIARY'S DRAFTS AT SIGHT DRAWN 0N US FOR 100 PCT OR THE INVOICE VALUE.

43P: Partial Shipment

NOT ALLOWED

43T: Transshipment

ALLOWED

44A: Loading in Charge

CHINESE PORT

44B: For Transportation to

LA SPEZIA PORT

44C: Latest Date of Shipment

050320 MAR.20,2015

45A: Descript.of Goods

4538 CHINA BLACK TEA ABT.4 000 KGS.@USD 4.50 / KG

5380 CHINA GREEN TEA ABT.4 000KGS.@USD 5.20 / KG

CIFC3% LA SPEZIA PORT（1×20’ FCL / 200 PAPERSACKS）

PACKED IN PAPERSACKS, PALLETIZED AND CONTAINERIZED AS PER THE SALES CONFIR MATION NO.BTS8905

THE PRICE IS TO BE UNDERSTOOD PER KILO NET SHIPPED WEIGHT CIF GENOVA LESS 3

PERCENT COMMISSION, INCLUDING PACKING

46A: Documents Required

1) SIGNED COMMERCIAL INVOICE, ORIGINAL PLUS TWO COPIES, EVIDENCING THAT THE GOODS SHIPPED COMPLY WITH THE S / C NO.BTS78905 DATED 0501 12

2) 3 / 3 CLEAN ON BOARE BILLS OF LADING MADE OUT TO THE ORDER OF ARELLA AND C.SPA MARKED FREIGHT PREPAID AND NOTIFY TO CASASCO AND NAPDI—VIA DON GIOVANNI CALABRIA. 30—20132 MILANO PHONE 02—2729241

3) CERTIFICATE OF WEIGHT

4) CERTIFICATE OF ORIGIN FORM A ISSUED BY THE COMPETENT LOCAL AUTHORITY IN TWO COPIES

5) MARINE INSURANCE POLICY / CERTIFICATE COVERING ALL RISKS AND WAR RISK FOR 110 PERCENT OF THE CIF INVOICE VALUE

47A: Additional Conditions

+ / - 10PCT.IN AMOUNT, QUANTITY AND WEIGHT IS ALLOWED ALL DOCUMENTS MUST INDICATE THIS CREDIT NUMBER PLEASE SEND DOCUMENTS TO:

SANPAOLO IMI SPA

VIA FABIO FILZI NO.2—27100 PAVIA（ITALY）

71B: Charges

ALL BANKING CHARGES AND COMMISSIONS OUTSIDE OF ITALY ARE FOR BENEFICIARY'S ACCOUNT

49: Confirmation Instructions

WITHOUT

78: Instr to Payg / Accptg / Negotg Bank

AT RECEIPT OF DOCUMENTS IN CONFORMITY WIT'H CREDIT TERMS, WE SHALL CREDIT YOU AS PER YOUR INSTRUCTIONS AT MATURITY DATE.

57D : “Advise Through” Bank, Name & Addr.

SOCIETE GENERALS.GUANGZHOU BRANCH
21 ST FLOOR PEACE WORLD PLAZA
362—366 HUANSHI EAST RD., GUANGZHOU

72 : Sender to Receiver Information
SUBJECT TO ICC PUB 500.1993 REVISION AND SUBJECT TO THE UNIFORM RULES FOR BANK TO BANK TO BANK REIMBURSEMENT UNDER DOC.CREDIT ICC PUB 525

有关资料：

INVOICE NO.：TAR20157 149 INVOICE DATE : MAR.2，2015
B / L NO.：GSG05—723 B / L DATE：MAR.15，2015
FORM A NO.：GZ7 / 80067 / 0589 POLICY NO.：TES3478921

SHIPPING MARK：N / M PACKED IN 200 PAPERSACKS
CONTAINER.SEAL NO.：TEXU3730336 / KHS487605 / 20'
NAME OF STEAMER：PUDONG SENATOR V.743
WEIGHT：N.W.：@40 KGSG.W.：@40.7 KGS
该货物是完全自产品。

第七章

国际贸易融资业务实验

实验目的

掌握贸易融资的申请条件。
掌握贸易融资的操作流程。
掌握贸易融资的利息计算。

实验要求

国际结算融资业务的操作流程。
国际结算融资条件的审核。
国际结算融资金额和融资利息的计算。

第一节 国际贸易融资基础知识

一、国际贸易融资概述

国际贸易融资是商业银行对进口商或出口商提供的与进出口结算业务相关的短期资金融通或信用便利。国际贸易融资产品与国际结算方式密切相关，并随着国际结算方式的变化和国际贸易的发展而不断创新，业务品种不断增加。除了传统的打包贷款、出口押汇、出口贴现外，进口押汇、福费廷、保理、出口发票融资、出口信用保险项下融资等新产品层出不穷。近年来我国国际贸易量持续快速的增长为商业银行贸易融资业务的发展提供了良好的发展机遇，贸易融资产品的开发和创新又进一步促进了我国对外贸易的发展。

（一）国际贸易融资业务的特点

国际贸易融资是围绕国际贸易结算的各个环节开展的资金和信用融通活动，可以加快企业的资金周转速度，满足企业的流动资金需求，有利于企业开拓新市场，提高国际竞争能力。与普通流动资金贷款不同，国际贸易融资业务以真实的贸易背景为基础，具有期限短、收益高、风险低的特点。其具体表现在以下几个方面：

（1）还款来源较有保障。国际贸易融资以正常贸易所产生的现金流量作为还款的第一来源。资金的偿还不是依靠出口商盈利能力的增加，出口商生产经营所产生的利润只是还款的第二来源。

（2）有物权单据作为担保。国际结算中的商业单据、金融单据等权利凭证本身就是融资银行融资的一项履约保证。

（3）融资银行收益高。国际贸易融资为商业银行带来利息收入的同时，又能带来国际结算业务量的提高，增加中间业务收入。银行在国际贸易融资中的收益包括融资利息收益、国际结算手续费收益和结售汇收益。

（二）国际贸易融资业务的功能

国际贸易融资具有资金融通和信用融通两大功能。

1.资金融通

资金融通指银行等金融机构贷出资金，即通过向进出口商提供资金，为国际贸易的发展提供信贷支持，如打包贷款、出口押汇、票据贴现等。

2.信用融通

信用融通指银行等金融机构贷出信用，即以自己的信用为当事人提供担保，使其得以融通资金，如信托收据、提货担保、银行保函和备用信用证等。信用融通是一种间接的融资方式。

二、出口贸易融资

出口贸易融资指出口商获得的融资，主要有打包贷款、出口押汇和贴现、出口发票融资、出口信用保险项下融资、福费廷和保理等。

（一）打包贷款

打包贷款（Packing Loan）是出口商银行以境外银行开来的正本信用证作抵押，向出口商提供的流动资金贷款。出口商收到信用证后，需要资金购买原材料、组织生产加工及装运，打包贷款可以缓解出口商在生产、采购、包装等备货阶段资金紧张的压力。打包贷款的名称也由此而来。货物装运后，出口商把单据交贷款银行寄开证行，贷款银行在收到开证行支付的货款后，扣除贷款本息，将余额支付给出口商。打包贷款适用于以信用证作为结算方式的出口企业，该信用证必须为不可撤销、不可转让信用证。其中，将正本信用证留存在贷款银行是为了确保受益人在贷款银行交单。

打包贷款具有以下特点：

（1）适用于信用证结算方式。

（2）用于解决出口商装船前，进货、生产、包装等环节的资金需要而提供的短期融资。

（3）以信用证项下的预期收汇款作为还款来源。

（4）贷款金额一般不超过信用证金额的80%。

（5）期限以信用证有效期后的合理时间（通常为1个月）为限。

打包贷款以信用证下的收汇作为归还贷款的第一保障，但信用证下的货款能否安全收回，取决于受益人的交单以及开证行的资信。如果受益人无法提交“相符单据”，或开证行资信不佳，抵押的信用证无异于一纸空文，打包贷款无异于信用放款，对贷款银行来说风险较大。为防范风险，银行在办理打包贷款时，要了解贸易真实性、进出口商和开证行的资信状况、信用证的真实性以及条款的合理性，并落实足额、有效的担保。在信用证无法收汇的情况下，可用其他资金归还打包贷款。

（二）出口押汇和贴现

出口押汇是即期信用证或付款交单方式下，出口商银行对出口商有追索权地购买物权单据的融资行为。出口商在货物出运后，将全套单据提交给银行，银行在扣除利息及有关费用后，将货款预先支付给出口商并保留追索权，而后以单据下的收汇归还押汇款项。

出口贴现是远期信用证或承兑交单方式下，出口商银行对出口商有追索权地购买物权单据的融资行为。能够办理贴现的必须是信用证项下已经开证行或被指定银行承兑，或跟单托收项下已经付款人承兑的远期汇票和单据。

出口押汇和贴现具有以下特点：

（1）适用于信用证或跟单托收结算方式。

（2）是银行在出口商发货交单后对其提供的短期融资，出口商可以提前获得货款，加速资金周转。

（3）以出口单据下的收汇作为还款来源。融资银行办理押汇或贴现后，如果未能如期收汇，可向出口商追索。

（4）融资金额为汇票或发票金额扣除押汇利息及费用后的净额。

（5）融资期限一般不超过90天，最长不超过180天。

信用证项下的出口押汇和贴现，单据的付款人是银行，只要开证行或被指定银行资信良好，而且受益人提交“相符单据”，融资银行的收汇是较有保障的。托收项下的出口押汇和贴现，单据的付款人是进口商，融资银行能否收汇取决于进口商的资信，收汇风险较大。出于收汇风险的考虑，银行对办理托收项下的押汇和贴现较为谨慎。

（三）出口信用保险项下融资

出口信用保险项下融资是银行对已投保出口信用保险的出口商，凭借获得出口信用保险单下的赔款权利，对出口商有追索权的融资。出口商向出口信用保险公司投保出口信用险后，将向出口信用保险公司索赔的权利转让给融资银行，以出口货物项下的款项或保险公司的赔款作为还款来源，银行按出口货物投保额的一定比例发放贷款。

出口信用保险是国家为了推动出口贸易、保障出口企业的收汇安全而制定的一项政策性保险业务。出口商对采用付款交单（D/P）、承兑交单（D/A）、赊账（OA）等商业信用付款条件，信用期不超过180天的出口均可投保出口信用保险。它是银行和中国出口信用保险公司合作推出的集保险和融资于一体的贸易融资新产品。出口商将出口信用保险单有关权益转让给银行，由出口商、保险公司和银行签订三方赔款转让协议。根据其信用等级和授信额度，出口商在提供足额、有效担保后获得融资。出口商应为适保范围内的每一个进口商申请信用限额，对每一笔出口按时向保险公司投保并按规定交纳保费。保险公司承保的风险范围限于政治风险和商业风险，当发生保险公司承保范围内的损失时，出口商应在保单规定的索赔时限内向保险公司索赔，银行也可以根据索赔权转让协议，代理企业行使索赔权。

出口信用保险项下融资具有以下特点：

（1）适用于托收或赊账结算方式，可以解决非信用证结算方式融资难的问题，使出口商增加出口贸易额，获得更多的贸易机会。

（2）出口商须向出口信用保险公司投保出口信用险，并将向出口信用保险公司索赔的权利转让给融资银行。

（3）以出口货物项下的款项或保险公司的赔款作为还款来源。

（4）融资金额一般不超过保险公司赔偿比例的80%，期限不超过180天。

（四）出口发票融资

出口发票融资是银行凭出口商出具的注明货款让渡条款的商业发票，以货物的应收账款为第一还款来源，向出口商提供的贸易融资业务。出口商向融资银行交单后，由银行负责向进口商寄送发票和全套货运单据，收汇后先归还融资款项，再将余额支付给出口商。

出口发票融资是顺应国际结算非信用证化趋势而推出的适用于汇款结算方式的国际贸易融资品种。出口发票融资虽视同流动资金贷款办理，却具有普通流动资金贷款所不具备的优点。对企业而言，出口发票融资可以享受提前结汇的便利，有利于企业合理安排资金、控制成本。对银行而言，出口发票融资是基于出口商真实贸易背景的融资品种，银行虽无法控制物权，但其还款来源为融资项下货物的出口收汇，而不是出口商自身的还款能力，因此比普通流动资金贷款更有利于银行控制风险。办理出口发票融资的出口商应具有良好的资信，与进口商有长期、稳定的业务关系。为控制风险，办理出口发票融资的银行还需落实足额、有效的担保。

出口发票融资具有以下特点：

（1）适用于汇款结算方式。

（2）发票上有货款让渡条款。

（3）以货物的应收账款为第一还款来源。

（4）融资银行不拥有货权。

（5）融资比例一般不超过发票金额的70%，期限不超过90天。

除上述融资产品外，出口商还可以通过“红条款信用证”从进口商处获得装运前融资，有关“红条款信用证”的内容在本书第五章已有论述。此外，“福费廷”和“出口保理”也是近年来在我国兴起的贸易融资业务，有关“福费廷”和“出口保理”的内容请参阅本书第六章的内容。

在出口贸易融资业务中，出口商可在货物装运前获得的融资有“红条款信用证”和“打包贷款”，货物装运后的融资有“出口押汇和贴现”、“福费廷”和“出口保理”。

三、进口贸易融资

进口贸易融资指进口商获得的融资，主要有进口押汇、提货担保、买方远期信用证和进口保理等。

（一）进口押汇

进口押汇是银行在收到出口商银行寄来的单据后先行付款，待进口商取得单据、凭单提货并销售货物回笼货款后再收回贷款的融资行为。银行根据开证申请人或代收付款人的要求，在享有货物所有权的前提下，以信托收据的方式释放单据并先行对外付款。

信托收据是开证申请人或代收付款人出具的书面文件，表明银行对信用证或代收项下有关单据及其所代表的货物享有所有权，开证申请人或代收付款人在还清银行进口押汇款项之前仅作为银行的受托人持有该信用证或代收项下单据及其所代表的货物。进口商以信托方式凭信托收据预借单据提货，并受信托收据条款约束，清偿押汇款项后单据所有权归属进口商。进口商申请进口押汇业务时，应提交进口押汇申请书和信托收据，并签订进口押汇协议。

进口押汇具有以下特点：

（1）适用于信用证或进口代收结算方式。

（2）融资银行享有信用证或进口代收项下货物所有权。

（3）融资款只能用于信用证或进口代收项下的对外付款。

（4）信用证项下的押汇金额不超过单据金额减去已收取的开证保证金。

（5）押汇期限一般不超过90天。

（二）提货担保

提货担保是银行应进口商的要求，向承运人或其代理人出具的承担在没有正本提单的情况下由于先行放货引起的责任的保证性承诺。

在进口贸易结算中，当货物到达目的地而单据未到时，为了能及时提货用于生产销售并免付高额滞港仓储等费用，进口商在征得运输公司（承运人）的同意后，凭银行担保书提货。银行在提货担保书中向承运人保证赔偿因不凭正本提单交货而遭受的损失。进口商在提货担保申请书中向银行保证不以任何理由拒付或延迟付款，单据到达后无论是否存在不符点都立即付款承兑，凭正本提单向运输公司换回提货担保书退还给银行，并承担银行因出具提货担保而遭受的任何损失。

提货担保具有以下特点：

（1）适用于信用证结算方式。

（2）进口商凭提单副本和商业发票等文件向银行提出申请。

（3）提货担保中进口商需向银行承诺，承担无条件付款责任。

（4）银行的担保责任以正本提单换回提货担保书时解除。

（5）办理提货担保业务项下信用证所要求的运输单据必须是全套正本物权凭证。

除“进口押汇”和“提货担保”，进口商还可以通过开立“买方远期信用证”的方式从开证行获得融资。在“买方远期信用证”中，开证行应开证申请人的要求开出远期信用证，由开证行或指定的偿付行即期或按信用证约定的提前付款期限，先行将信用证项下款项支付给受益人（或议付行），在付款到期日，再由开证申请人偿付信用证项下款项、利息及相关银行费用。有关“买方远期信用证”的内容，可参阅本书第五章的相关内容。此外，“进口保理”也是国内一项新型的贸易融资业务。

第二节 国际贸易融资业务实验原理

一、出口结算中的贸易融资知识点

出口商在国际贸易中，可以在不同结算方式下，从银行获得各种融资便利。

（一）出口商业发票贴现

出口商业发票贴现指在出口赊销（O／A）方式或承兑交单（D／A）下，出口商以商业发票为抵押到出口地银行申请获得的由银行为其提供贸易融资、应收账款催收、销售分户账管理等服务。出口商业发票贴现业务处理基本程序如图7-1所示。

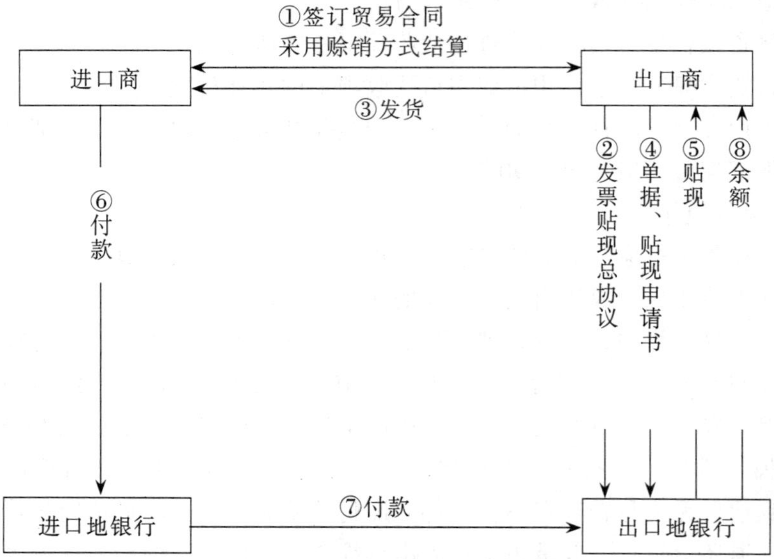

图7-1 出口商业发票贴现处理基本程序

为降低融资风险，出口地银行应审核出口商及进口商资信状况，对提单、发票等商业单据及报关单等进行一致性审核，以确保贸易背景的真实性，同时还应了解出口商品在当前国际市场的行情及变化趋势。

出口商业发票贴现融资中，贴现利息计算公式为“贴现利息=本金×融资年利率×贴现天数÷360”。其中，利率以LIBOR加点的方式参照各行对贸易融资业务的利率执行。贴现天数一般是办理贴现日到预计收款日的天数上再加上30天。

出口地银行以进口商到期支付货款为还款来源，如果进口商到期无法支付货款，银行可向出口商行使追索权，收回贴现款项并计收逾期利息。

（二）出口贴现

出口贴现（Export Bill Discount ）指在信用证或跟单托收结算方式下，出口商将银行承兑的未到期远期汇票或未到期远期债权卖给银行从而获得的一种短期融资。出口贴现利率按同期外汇流动资金贷款利率计算，期限从贴现日起至预计收汇日止。如果到期远期汇票未获付款人付款，银行拥有对出口商的追索权。信用证下出口贴现业务处理基本程序如图7-2所示。

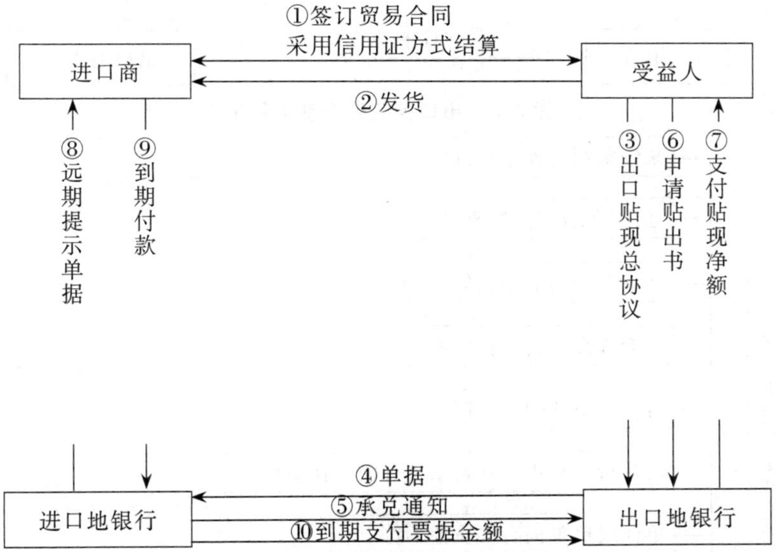

图7-2　出口贴现处理基本程序

（三）出口押汇

出口押汇（Export Bill Purchase）指在信用证或跟单托收结算方式下，出口商向出口地银行交来单据后凭所交单据为抵押从银行获得的短期资金融通。出口押汇业务处理基本程序如图7-3所示。

出口押汇利息计算公式为“押汇利息=本金×融资年利率×押汇天数÷360”，出口押汇利率以押汇当日LIBOR为基础，考虑银行筹资成本、资信风险等因素后确定。押汇天数从办理押汇日到预计信用证收汇日的天数加上5~7天。押汇金额比例由银行根据实际情况核定，最高额为单据金额的100%，银行预扣银行费用、押汇利息后，将净额划入企业账户。如实际收汇日超出押汇的期限，银行将向企业补收押汇利息。为降低风险，银行拒绝接受客户押汇申请的原因如图7-4所示。

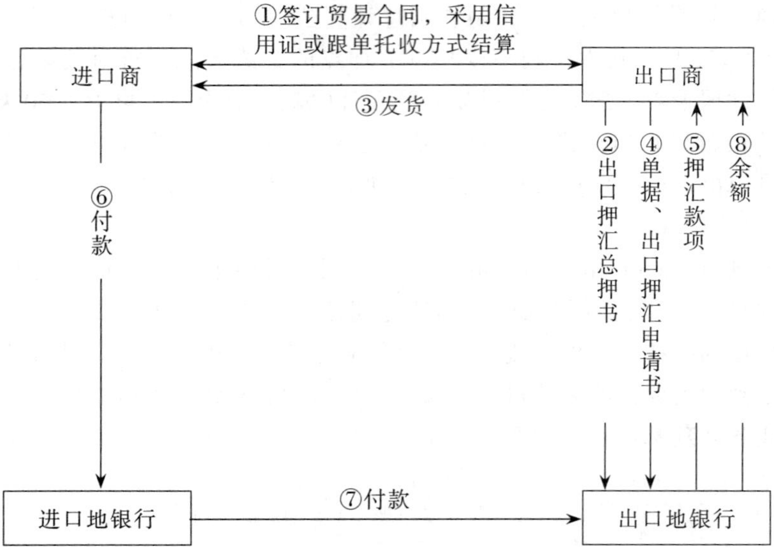

图7-3　出口押汇处理基本程序

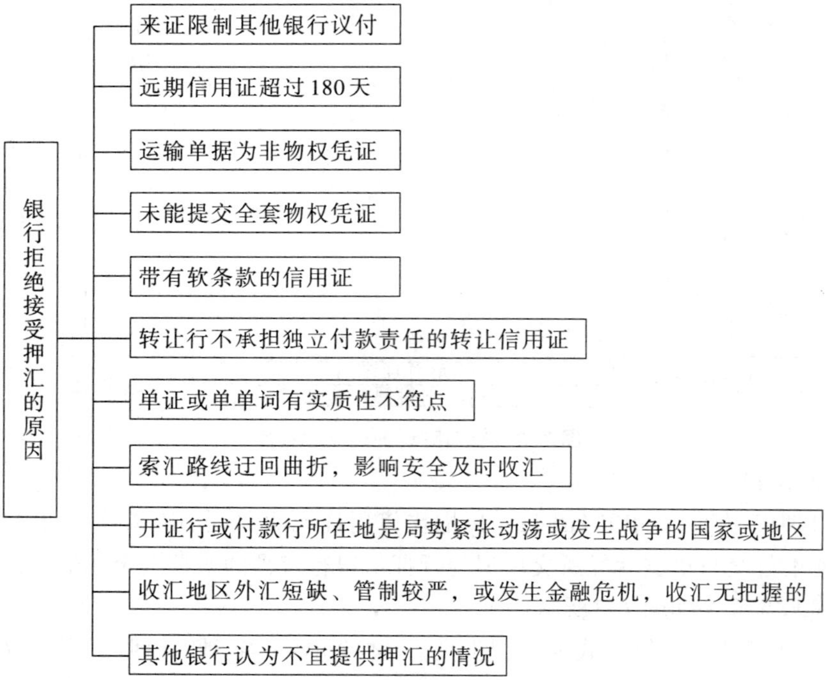

图7-4　银行拒绝接受客户押汇申请的原因

（四）出口打包放款

出口打包放款（Packing Loan）指在信用证结算方式下，国外进口商不同意预付货款时，出口商可以信用证为抵押向银行申请用于信用证项下货物采购、生产和装运的短期专项贷款。出口打包放款业务处理基本程序如图7-5所示。

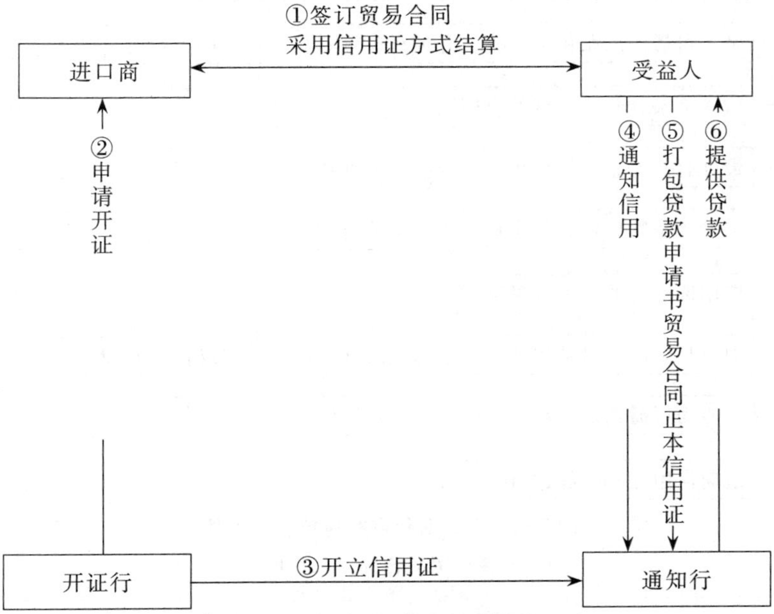

图7-5　出口打包放款处理基本程序

打包放款融资比例通常不超过90%，还款的来源在正常情况下为信用证项下的收汇款，在企业不能正常从国外收回货款的情况下，企业必须偿还打包贷款的本金及利息，或允许银行主动从其账户扣划打包贷款的本金及利息。

打包贷款可以使用人民币，也可以使用外汇作为贷款的币种。银行办理打包放款的利息计算公式为"出口打包放款利息=信用证金额×融资比例（70%-90%）×融资年利率×放款天数÷360"。放款天数从办理放款日到信用证规定最迟装运日的天数加上30天来计。出口商到银行申请打包放款的条件如图7-6所示。

（五）出口保理

出口保理（Two-Factor Export Factoring）业务指在赊销（O／A）、承兑交单（D／A）等非信用证结算方式的出口贸易中，出口商在货物装运后立即将发票、汇票、提单等有关单据卖断给出口保理商（出口地银行），获得银行提供的信用担保、货款催收、销售分类账管理以及贸易融资等金融服务。一般出口保理商提供的融资不超过发票金额的90%，目前国内银行主要做的是出口双保理业务，保理业务中出口保理商是否拥有对出口商的追索权取决于各自银行不同的规定。出口双保理业务处理基本程序如图7-7所示。

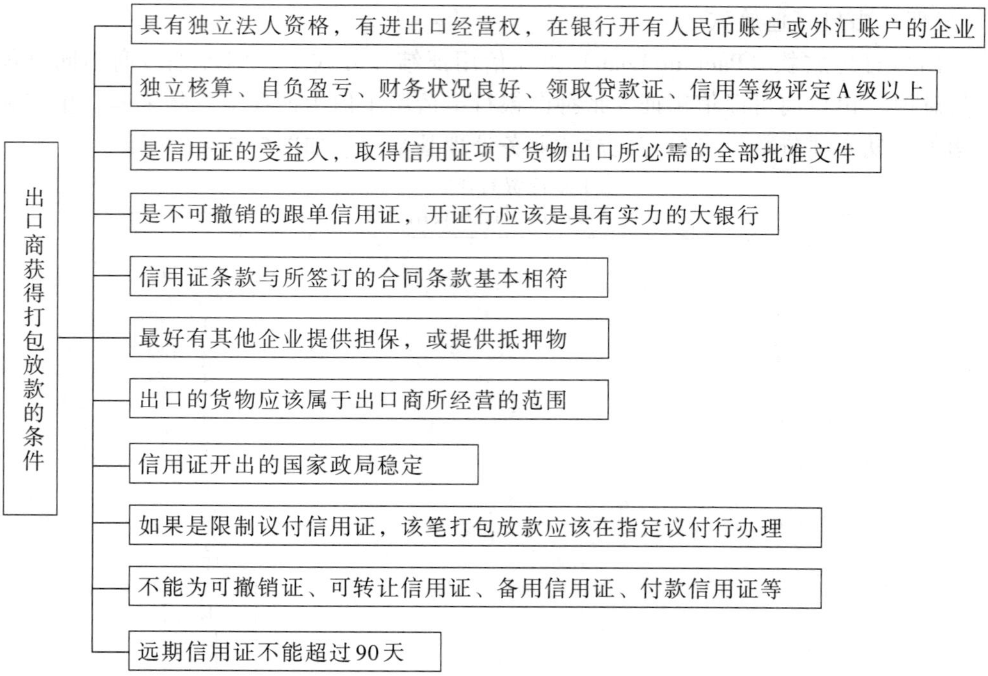

图7-6　出口商获得打包放款的条件

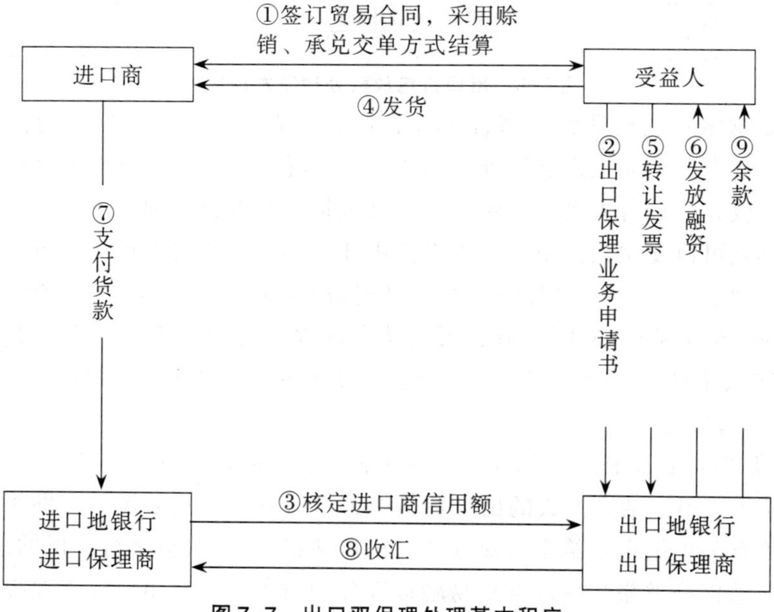

图7-7　出口双保理处理基本程序

（六）福费廷

福费廷指以赊销或信用证等方式进行结算的大型成套设备等资本性货物出口中，出口商将远期票据无追索权地卖给贴现商或买断银行而获得的短期融资。福费廷业务处理基本程序如图 7-8 所示。

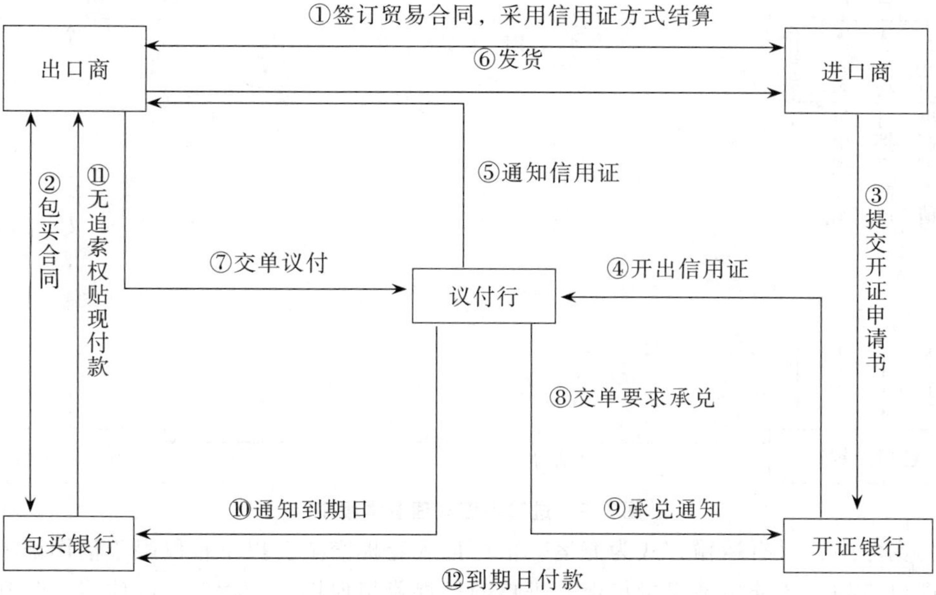

图 7-8　福费廷处理基本程序

二、进口结算中的贸易融资知识点

在进口贸易结算中，银行也可以向进口商提供各种资金便利，为进口商解决资金周转的困难。

（一）进口押汇

进口押汇（Import Bill Advance）指在进口信用证或进口代收结算方式下，进口商可以凭有效凭证和商业单据到进口地银行申请的短期资金融通。进口押汇业务处理基本程序如图 7-9 所示。

进口押汇中押汇利息的计算公式为“押汇利息=本金×融资年利率×押汇天数÷360”，押汇天数一般与进口货物转卖的期限相匹配，并以销售回笼款项作为押汇的主要还款来源。

（二）提货担保

提货担保（Shipping Guarantee）指在信用证结算方式下，载货船舶早于运输单据到达卸货港时，进口商为了及时提货，避免货物滞港，由进口商或其代理人出具并由银行加签凭以向承运人办理提货手续的一种保函。提货担保业务处理基本程序如图 7-10 所示。

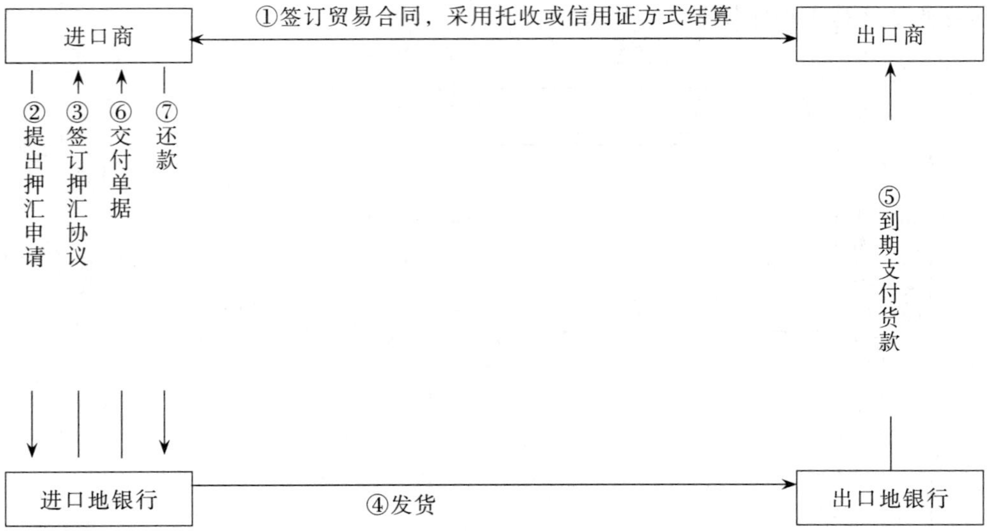

图7-9 进口押汇处理基本程序

实务中，只有运输方式为海运、信用证规定提交全套提单且仅限于信用证项下的进口货物，才能申请提货担保。进口商凭提货担保提取货物后，即使将来收到的单据存在不符点，也不能对银行拒付。

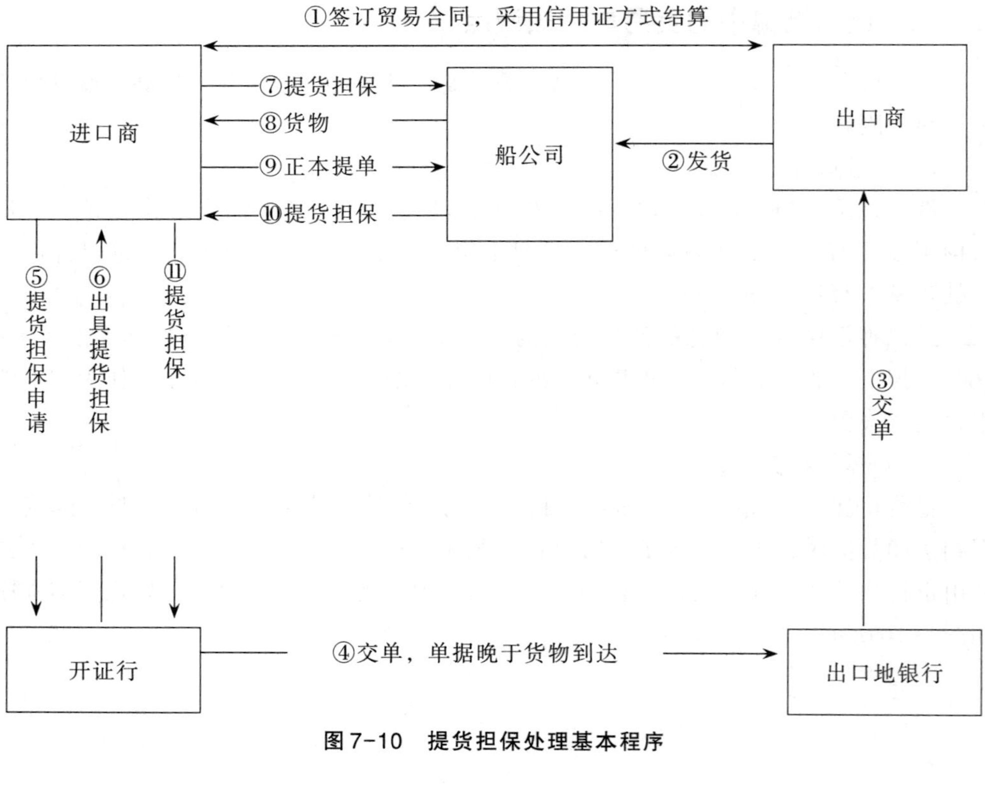

图7-10 提货担保处理基本程序

第三节 国际贸易融资业务实验内容与步骤

一、融资金额和利息的计算

（一）押汇

一笔信用证下，受益人A公司在2018年11月24日到银行申请办理出口押汇。装运日是2018年11月21日，信用证规定的付款条件是提单后30天付款，预计信用证的收汇日为12月21日，押汇利息为4.12%。计算该笔业务中的押汇利息。

（二）信用证贷款

一笔信用证下，受益人A公司于2019年11月10日到A银行申请打包贷款。信用证金额为USD500 000.00，信用证开证日期为2019年11月1日，最迟装运日为2019年12月31日。银行审核客户的资信后决定发放80%的款项，按年利率3.43%计息。计算该笔业务实际打包放款金额和打包放款利息。

二、融资的条件

国际贸易下开展融资业务时，需要注意的条件包括：

（1）出口商应具备什么条件才能到银行申请办理出口商业发票贴现?

（2）出口商应具备什么条件才能到银行申请办理出口贴现?

（3）出口商应具备什么条件才能到银行申请办理出口押汇?

（4）出口商办理福费廷业务时，应向出口地银行提交哪些材料?

（5）进口商应具备什么条件才能到银行申请办理进口押汇?

（6）进口商应具备什么条件才能到银行申请办理提货担保?

三、融资的具体操作

以下为国际贸易下融资的具体操作，试做回答：

（1）出口押汇和出口打包放款在操作上有何差异?

（2）出口商A公司按照巴克莱银行开来的金额为60万英镑，期限为提单后60天的远期信用证出运货物后，将全套单据交给国内A银行要求办理融资业务。A银行将单据寄往花旗银行后，花旗银行向A银行开来承兑电，承诺到期付汇。这笔业务中，出口商A公司可向A银行申请出口押汇还是贴现融资?说明原因。

（3）福费廷业务与出口保理业务操作有何差异?

（4）福费廷业务与信用证出口押汇操作有何差异?

参考书目

[1] 冯莉. 国际结算 [M]. 大连：东北财经大学出版社，2019.

[2] 张晓明，刘文广，王基昱，等. 国际结算 [M]. 2版. 北京：清华大学出版社，2019.

[3] 侯迎春，张文娟. 国际结算 [M]. 2版.北京：中国金融出版社，2019.

[4] 姜学军. 国际结算 [M]. 大连：东北财经大学出版社，2016.

[5] 缪东玲. 国际贸易单证操作与解析 [M]. 2版. 北京：电子工业出版社，2016.

[6] 张东祥. 国际结算 [M]. 4版. 北京：首都经济贸易大学出版社，2015.

[7] 徐立平. 国际结算新编 [M]. 2版. 北京：电子工业出版社，2012.

[8] 全国国际商务单证专业培训考试办公室. 国际商务单证理论与实务 [M]. 北京：中国商务出版社，2011.

[9] 周岳梅，孙海洋. 国际贸易融资结算操作技能实训 [M]. 上海：上海交通大学出版社，2011.

[10] 徐立平，李果，杨加琤. 国际结算 [M]. 2版. 杭州：浙江大学出版社，2009.

附录1 国际结算中英文词汇表

A

accept/acceptance 承兑
acceptance commission 承兑费
acceptance credit 承兑信用证
acceptance for honor 参加承兑
accepting bank 承兑行
acceptor 承兑人
acceptor for honor 参加承兑人
accommodation 融通
accommodation party 融通人
accountee 付款人
accounts receivable 应收账款
additional conditions 附加条款
advanced bill of lading 预借提单
advance payment guarantee 预付款保函
advance payment standby credit 预付款备用信用证
advising bank 通知行
affiliated bank 联营银行
Aflatoxin Risk 黄曲霉素险
agency office 办事处
air consignment note 航空运单
air transport document 空运单据
All Risks（A.R.） 一切险
anti-dated bill of lading 倒签提单

antidumping　反倾销政策的
applicant　申请人

B

back to back credit　背对背信用证
banker's acceptance bill　银行承兑汇票
banker's draft　银行汇票
banker's letter of guarantee　银行保函
bearer　持票人
bearer/blank/open bill of lading　不记名提单
bearer cheque　不记名支票，空白支票
beneficiary　受益人
beneficiary's certificate/statement　受益人证明，受益人声明
bid bond standby credit　投标备用信用证
bill of exchange/draft　汇票
bill of lading　提单
branch　分行
brief cable　简电开证

C

cargo receipt　承运货物收据
carrier　承运人
cash against documents　凭单付现
cash on delivery　现金结算
cash payments　现金支付
catalogue　商品目录
certificate of classification　船级证明
certificate of deposit　大额存单
certificate of origin　原产地证
certificate of posting　投递证明
certificate of title　权利凭证
certificate of vessel's age　船龄证明
certificate of vessel's nationality　船籍证明
certified cheque　保付支票
chain debts　三角债
charter party　租船合约

charter party bill of lading　租船提单
cheque/check　支票
cheque for transfer　转账支票
chip card　芯片卡
claim settling agent　理赔代理人
clean bill　光票汇票
clean bill of lading　清洁提单
clean collection　光票托收
clean credit　光票信用证
clearing account　清算账户
clearing house automated payment system　伦敦清算所自动支付系统
clearing house interbank payment system　纽约清算所银行同业支付系统
clearing/payment system　清算系统，支付系统
client/customer　顾客，客户
collecting bank　代收行
collection　托收
collection application　托收申请书
collection bill purchased　托收出口押汇
collection instruction　托收指示
combined insurance certificate　联合保险凭证
commerce/trade　贸易
commercial acceptance bill　商业承兑汇票
commercial credit　商业信用证
commercial documents　商业单据
commercial draft　商业汇票
commercial invoice　商业发票
commercial standby credit　商业备用信用证
commission　佣金
compensation guarantee　补偿贸易保函
conference line certificate　班轮公会船只证明
confirmed credit　保兑信用证
confirming bank　保兑行
consignee　收货人
consignor　发货人
consortium bank　银团银行
consular invoice　领事发票

consumer　消费者
container bill of lading　集装箱提单
container freight station　集装箱货运站
container yard　集装箱堆场
contract　合同
control documents　控制文件
convertible　可兑换的
correspondent bank/correspondents　代理行
counter guarantor bank　反担保行
counter standby credit　反担保备用信用证
courier receipt　快邮收据
cover　头寸
cover note　暂保单
credit　贷记
credit card　信用卡
creditor　债权人
credit standing　信用状况
crossed cheque　划线支票
cumulative revolving credit　累积循环信用证
currency　货币
current price　现行价格，时价
customs clearing/clearance　清关，报关
customs declaration　报关单
customs duty　关税
customs duties guarantee　关税保函
customs invoice　海关发票
customs liquidation　清关
customs valuation　海关估价

D

dealer　经销商
debit　借记
debit card　借记卡
debtor　债务人
default　违约
deferred payment　延期付款

deferred payment credit　延期付款信用证

delivery　交付，交货

demand/sight bill　即期汇票

depository bank　账户行

direct bill of lading　直达提单

direct collection　直接托收

direct payment standby credit　直接付款备用信用证

discount　贴现

discrepancy　不符点

dishonor　退票

distribution channels　销售渠道

document　文件，单据

documents against acceptance　承兑交单

documents against payment after sight　远期付款交单

documents against payment at sight　即期付款交单

documents against payment at x days after sight to issue trust receipt in exchange for documents　凭信托收据借单

document of title　权利凭证单据

documentary bill　跟单汇票

documentary collection　跟单托收

documentary credit　跟单信用证

domestic/home/inland trade　国内贸易

drawee　受票人

drawer　出票人

due/maturity date　到期日

dumping　商品倾销

duplicate receipt　副收条

E

electronic bill of lading　电子提单

electronic data interchange　电子数据交换

endorsement　背书

endorser　背书人

exchange of foreign bank notes　外币兑换

export/exportation　出口

exporter　出口商

export factoring　出口保理
export licence　出口许可证

F

favorable balance of trade　贸易顺差
financial documents　金融单据
financial standby credit　融资备用信用证
foreign exchange　外汇
foreign exchange control　外汇管制
foreign exchange rate　汇率
forfeiting　福费廷，包买票据，票据包购
foul/unclean bill of lading　不清洁提单
franchise　免赔率
Free from Particular Average (FPA)　平安险
freight　运费
freight forwarder　货运代理
freight forwarder's bill of lading　运输代理行提单
fresh bill of lading　正常提单
Fresh Water Rain Damage (FWRD)　淡水雨淋险
full cable　全电开证
full container load　整箱货
fundamental documents　基本单据

G

general average　共同海损
generalized system of preferences　普惠制
goods sold　售定
goodwill　商誉
gross margin　毛利
gross weight　毛重
guarantee　保证
guarantor　保证人
guarantor bank　担保行

H

hedge　套期交易

holder　持票人
hot money　热钱，游资
house air waybill　航空分运单
house bill of lading　分提单

I

import/importation　进口
importer　进口商
Import Duty Risk　进口关税险
import factoring　进口保理
import license　进口许可证
inland waterway transport document　内陆水运单据
inspection certificate of analysis　分析证书
inspection certificate of disinfection　消毒检验证书
inspection certificate of fumigation　熏蒸证书
inspection certificate of health　健康证书
inspection certificate of quality　品质检验证书
inspection certificate of quantity　数量检验证书
inspection certificate of weight　重量检验证书
insurable risks　可保风险
insurance　保险
insurance agent　保险代理人
insurance broker　保险经纪人
insurance certificate　保险凭证
insurance company　保险公司
insurance documents　保险单据
insurance policy　保险单
insurance premium　保险费
insurance standby credit　保险备用信用证
insured　被保险人
insurer　承保人
intangible asset　无形资产
integration　结合，合并
interest　利息
international exchange　国际汇兑
international factoring　国际保理

international market price　国际市场价格
international non-trade settlement　国际非贸易结算
international settlements　国际结算
international trade　国际贸易
investment　投资
invisible trade　无形贸易
invisible trade settlement　无形贸易结算
invoice　发票
inward collection　进口代收
inward remittance　汇入汇款
irrevocable confirmed documentary credit　不可撤销保兑信用证
irrevocable letter of credit　不可撤销信用证
irrevocable negotiation documentary credit　不可撤销议付信用证
irrevocable straight documentary credit　不可撤销直接信用证
issue　出票
issuing bank　开证行

L

landing charges　卸货费
lease　租赁，租约
lease guarantee　租赁保函
lessee　承租人
lesser　出租人
less than container load　拼箱货
letter of credit　信用证
letter of guarantee　保函
liability　负债
license　许可证，牌照
liner bill of lading　班轮提单
liquidity　流动性，变现能力
loan　贷款
long form bill of lading　全式提单
loss　损失

M

magnetic strip card　磁条卡

maker　出票人
mail transfer　信汇
maintenance guarantee　维修保函
manufacturer　制造商，制造厂
manufacturer's invoice　厂商发票
marine/ocean bill of lading　海运提单
marine insurance　海上保险
master air waybill　航空总运单
master bill of lading　主提单
mate's receipt　大副收据
maximum　最大的、最大限度的
medium　中等的，中级的
merchandise　商品
merchant　商人
metric ton　公吨
middleman　中间商，经纪人
minimum　最小的，最低限度的
money transfer　资金转移
mortgage　抵押，按揭
mortgagee　受押者，贷款人
mortgagor　抵押者，借款人
multimodal transport bill of lading　多式运输提单
multinational company　跨国公司

N

negotiation　流通转让，议付
negotiation/negotiating bank　议付行
negotiation credit　议付信用证
net price　净价
net weight　净重
nominated bank　被指定银行
non-cumulative revolving credit　非累积循环信用证
non-depository bank　非账户行
non-insurable risks　不可保风险
non-negotiable sea waybill　不可转让海运单
non-recourse factoring　无追索权保理

nostro account　往户账
notify party　被通知人

O

official documents　官方单据
On Deck Risk　舱面险
open account transaction　赊销
open cover　预约保单，开口保单
opener　开证人
order bill of lading　指示提单
order cheque　记名支票
original receipt　正收条
outward collection　出口托收
outward remittance　汇出汇款
overdraft　透支
overdraft guarantee　透支保函
overseas Chinese remittance　侨民汇款
owe　欠债

P

package　一包，一捆，一扎等
packing list　装箱单
packing loan　打包贷款
partial shipment　分批装运
particular average　单独海损
party　当事人
par value　票面值
payee　收款人
payer　付款人
payer for honor　参加付款人
paying bank　汇入行，付款行
payment　支出，付款
payment for honor　参加付款
payment guarantee　付款保函
payment in advance　预付货款
payment methods　支付方式

pay on delivery　货到付款
percentage　百分比
performance guarantee　履约保函
performance standby credit　履约备用信用证
phytosanitary certificate　植物检疫证书
piece　只、个、支等
port of destination　目的港
port of discharge　卸货港
port of loading　装运港
post receipt　邮政收据
premium　保险费，溢价
presentation/presentment　提示
presenting bank　提示行
price　价格
price list　价目表
price terms　价格术语
principal　委托人
prior party　前手
proceeds　货款，收入
processing guarantee　来料加工保函
profitability　盈利能力，盈利水平
proforma invoice　形式发票
promissory note　本票
property　财产
protectionist measure　贸易保护措施
protest　拒绝证书

Q

quality guarantee　质量保函
quoted price　报价

R

rail transport　铁路运输
rail transport document　铁路运输单据
rail waybill　铁路运单
receipt for the goods　货物收据

received for shipment bill of lading　收妥备运提单
reciprocal credit　对开信用证
recourse　追索
recourse factoring　有追索权保理
red clause credit　红条款信用证
redemption　偿还，赎回
rediscount　重贴现
reference　参考
refund　退款，退现
reimbursement　偿付，拨付
reimbursing bank　偿付行
reinsurance　再保险，分保
Rejection Risk　拒收险
remittance　汇款
remittance advice note　汇款通知书
remittance by banker's demand draft　票汇
remitter　汇款人
remitting bank　汇出行，托收行
representative office　代表处
representative to act as case-of-need　需要时代理
retailer/tradesman　零售商
retail price　零售价
reverse remittance　逆汇
revocable letter of credit　可撤销信用证
revolving credit　循环信用证
right of recourse　追索权
Risk of Clash and Breakage　碰损破碎险
Risk of Damage Caused by Breakage of Packing　包装破损险
Risk of Damage Caused by Sweating and/or Heating　受潮受热险
Risk of Failure to Delivery　交货不到险
Risk of Fresh Water and/or Rain Damage（FWRD）　淡水雨淋险
Risk of Hook Damage　钩损险
Risk of Intermixture and Contamination　混杂玷污险
Risk of Leakage　渗漏险
Risk of Odor　串味险
Risk of Rusting　生锈险

Risk of Shortage　短量险
Risk of Strikes，Riots and Civil Commotions（SRCC）　罢工暴动民变险
road transport document　公路运输单据
road waybill　公路运单

S

sanitary inspection certificate　卫生检验证书
schedule of terms and conditions　费率表
sea transport　海上运输
sea waybill　海运单
secured loan　担保贷款，抵押贷款
security　证券
semi-credit card　准贷记卡
settlement　结算
settlement of international non-trade　国际非贸易结算
settlement of international trade　国际贸易结算
share　股份，股票
shareholder　股东
shipped on board bill of lading　已装船提单
shipper　托运人
shipping advice　装船通知
shipping company's certificate　船公司证明
shipping marks　唛头
shipping note　装运通知单
Shortage Risk　短缺险
short form bill of lading　简式提单
sight bill　即期汇票
sight payment credit　即期付款信用证
society for worldwide interbank financial telecommunication　环球同业银行金融电讯协会
sold on consignment　寄售
sole agent　总代理
specimen of authorized signatures book　授权签字印鉴样本
speculation　投机
spot price　现货价格
stale bill of lading　过期提单

stamp duty　印花税
standby letter of credit　备用信用证
stock　存货，库存量；证券
stockholder　股东
straight bill of lading　记名提单
straight irrevocable letter of credit　直接不可撤销信用证
Strikes Risk　罢工险
style　式样，款式，类型
sub-branch　支行
subsidiary bank　附属银行
subsidiary company　附属公司
successor　后手
supplementary documents　附属单据
surplus　盈余

T

tangible asset　有形资产
tariff　关税
tariff barrier　关税壁垒
tax rate　税率
tax rebate　出口退税
telecommunication　电讯
telegram/telex　电报
telegraphic test key　电报密押
telegraphic transfer　电汇
tender guarantee　投标保函
tenor　期限
Theft, Pilferage and Non-Delivery Risk (TPND)　偷窃提货不着险
Through bill of lading　联运提单
time bill　远期汇票
time deposit　定期存款
title　物权
total value　总值
trade barrier　贸易壁垒
trade consultation　贸易磋商
trade mark　商标

trade partner　贸易伙伴
trade union　工会
trans-European automated real time gross settlement express transfer system　欧洲间实时全额自动清算系统
transferable　可转让的
transferable documentary credit　可转让跟单信用证
transport documents　运输单据
transport document covering at least two different modes of transport　多式运输单据
transshipment　转船运输
transshipment bill of lading　转运提单
traveler's cheque　旅行支票
traveler's letter of credit　旅行者信用证
treasury bill　国库券
trustee　受托人
truster　信托人
trust receipt　信托收据
turnover　营业额，销售量

U

unclean bill of lading　不清洁提单
unconfirmed credit　不保兑信用证
underwriter　保险商
unfavorable balance of trade　贸易逆差

V

veterinary inspection certificate　兽医检验证书
visible trade　有形贸易
vostro account　来户账

W

waive　放弃
War Risk　战争险
weight list　重量单
wholesale price　批发价
wholesaler　批发商
With Particular Average （W.A./ W.P.A.）　水渍险

附录2　常用国家和地区的货币符号及代码

<table>
<tr><th colspan="2" rowspan="2">国家和地区名称</th><th colspan="2">ISO国际标准国家和地区名称</th><th rowspan="2">货币名称</th><th rowspan="2">ISO国际标准三字符货币代码</th></tr>
<tr><th>字符代码</th><th>数字代码</th></tr>
<tr><td colspan="2">中国</td><td>CN</td><td>156</td><td>人民币元</td><td>CNY</td></tr>
<tr><td colspan="2">美国</td><td>US</td><td>840</td><td>美 元</td><td>USD</td></tr>
<tr><td colspan="2">中国香港</td><td>HK</td><td>344</td><td>港 元</td><td>HKD</td></tr>
<tr><td colspan="2">英国</td><td>GB</td><td>826</td><td>英 镑</td><td>GBP</td></tr>
<tr><td colspan="2">瑞士</td><td>CH</td><td>756</td><td>瑞士法郎</td><td>CHF</td></tr>
<tr><td colspan="2">瑞典</td><td>SE</td><td>752</td><td>瑞典克朗</td><td>SEK</td></tr>
<tr><td colspan="2">丹麦</td><td>DK</td><td>208</td><td>丹麦克朗</td><td>DKK</td></tr>
<tr><td colspan="2">挪威</td><td>ND</td><td>578</td><td>挪威克朗</td><td>NDK</td></tr>
<tr><td rowspan="12">欧元区国家</td><td>德 国</td><td>DE</td><td>280</td><td rowspan="12">欧元</td><td rowspan="12">EUR</td></tr>
<tr><td>法 国</td><td>FR</td><td>250</td></tr>
<tr><td>荷 兰</td><td>NL</td><td>528</td></tr>
<tr><td>意大利</td><td>IT</td><td>380</td></tr>
<tr><td>芬 兰</td><td>FI</td><td>246</td></tr>
<tr><td>希 腊</td><td>GR</td><td>300</td></tr>
<tr><td>西班牙</td><td>ES</td><td>724</td></tr>
<tr><td>葡萄牙</td><td>PT</td><td>620</td></tr>
<tr><td>奥地利</td><td>AT</td><td>040</td></tr>
<tr><td>比利时</td><td>BE</td><td>056</td></tr>
<tr><td>爱尔兰</td><td>IE</td><td>372</td></tr>
<tr><td>卢森堡</td><td>LU</td><td>442</td></tr>
<tr><td colspan="2">澳大利亚</td><td>AU</td><td>036</td><td>澳大利亚元</td><td>AUD</td></tr>
<tr><td colspan="2">新西兰</td><td>NZ</td><td>554</td><td>新西兰元</td><td>NZD</td></tr>
<tr><td colspan="2">加拿大</td><td>CA</td><td>124</td><td>加拿大元</td><td>CAD</td></tr>
<tr><td colspan="2">新加坡</td><td>SG</td><td>702</td><td>新加坡元</td><td>SGD</td></tr>
<tr><td colspan="2">巴基斯坦</td><td>PK</td><td>586</td><td>卢 比</td><td>PKR</td></tr>
</table>

续表

国家和地区名称	ISO国际标准国家和地区名称		货币名称	ISO国际标准三字符货币代码
	字符代码	数字代码		
日本	JP	392	日元	JPY
菲律宾	PH	608	比索	PHP
泰国	TH	764	泰铢	THB
缅甸	BU	104	缅元	BUK
马来西亚	MY	458	林吉特	MYR
斯里兰卡	LK	144	卢比	LKR
蒙古国	MN	496	图格里克	MNT
印度	IN	356	卢比	INR
马耳他	MT	470	马耳他镑	MTP
朝鲜	KP	408	圆	KPW
越南	VN	704	越南盾	VND
尼泊尔	NP	524	卢比	NPR
波兰	PL	616	兹罗提	PLZ
捷克	CS	200	克朗	CSK
保加利亚	BG	100	列弗	BGL
匈牙利	HU	348	福林	HUF
罗马尼亚	RO	642	列伊	ROL
阿尔巴尼亚	AL	008	列克	ALL
伊拉克	IQ	368	第纳尔	IQD
伊朗	IR	364	里亚尔	IRR
科威特	KW	414	第纳尔	KWD
阿尔及利亚	DZ	012	第纳尔	DZD
坦桑尼亚	TZ	834	先令	TZS
加纳	GH	288	塞地	GHC
马里	ML	466	法郎	MLF
摩洛哥	MA	504	迪拉姆	MAD
塞拉利昂	SL	694	利昂	SLL
几内亚	GN	324	西里	GNS
赞比亚	ZM	894	克瓦查	ZMK
			清算人民币元*	C·RMB¥或C¥
			清算卢布	C·RBS
			清算英镑	C·GB£
			清算美元	C US$
			清算瑞士法郎	CL SF
			清算法国法郎	CL FF
			清算巴基斯坦卢比	CL PR

注：* 清算字样为C或CL，是Clearing（清算）的字头。